出口治明の

歴史と文化がよくわかる旅の楽しみ方

出口治明

JN196820

星海社

333

SEIKAISHA SHINSHO

著者が旅先で集めた絵葉書

はじめに

人間は「人・本・旅」からしか学べない、僕が常々言ってきたことです。

僕は本を中心に学んできた人間です。旅は年2回、夏と冬の長期休暇のご褒美《ほうび》でした。旅は、本と比べるとお金がかかる贅沢《ぜいたく》な学びです。しかし五感を伴っている分、旅の学びは強烈です。

「学び」と言っても、旅は直接的にすぐ役立つものではありません。

それでも旅のない人生、旅の記憶が失われた人生を想像してみてください。窮屈《きゅうくつ》な感じがするでしょう。人間はただ同じ日々を繰り返すだけでは満ち足りず、日常から出る時間や、ふだん目にすることのない景色を、すなわち旅を求めています。旅の学びとは、その人が心を惹《ひ》かれ、人生を振り返ったときに忘れがたい経験になり、この世界を理解する解像度を上げるものです。旅の経験は、僕の教養の欠かせない一部になっています。

もちろん、個々人の懐具合や休暇を取れるかどうか、あるいは病気をはじめとする身体的な事情によって、どんな旅ができるかは違ってきます。いろいろな理由から「私は旅行に行けない」という人もいるでしょう。そういう人にも、このような旅行記から得られるものがあるかもしれません。

この本は、世界80カ国以上を旅してきた僕の個人的な基準で、特に印象深かった土地や経験について書いたエッセイであり、ガイドです。僕は少なくとも年2回は海外旅行をするのを30年以上習慣としてきました。そんな僕が選んだベスト・オブ・ベストですから、客観的に見ても魅力的な場所ではないかと思います。旅行ガイドや旅の土産《みやげ》話を聞いているような、または僕と一緒に旅行をしているような気持ちで楽しんでいただければ幸いです。あるいは、歴史好きである僕の常として、本書の中にも世界史の話がたくさん出てきますから、「旅の中でこうやって歴史を楽しむのか」などという読み方をしていただいても構いません。

そして僕は無類の旅好きであるとともに、大分県別府《べっぷ》市にある立命館アジア太平洋大学（APU）の学長時代、「サステイナビリティ観光学部」の立ち上げに尽力した人間でもあります。今日《こんにち》、インバウンド需要の重要さが語られない日はなく、日本のみならず世界各国で観光産業は注目されています。この本を手に取ってくださった人の中にも、観光業の従事者や、観光を学問として学ぶ学生がいるかもしれません。そのような人が読んで、観光産業の今後を考えるヒントが何か見つかったなら、大変うれしいです。

出口治明

目次

1 僕の旅の仕方

まずは僕の旅の仕方を少しお話ししておきましょう。別に真似してほしいわけではありません。誰もが自分にしっくりくるスタイルで旅をすればいいと思いますが、この本の案内人の自己紹介がわりに、僕の旅の仕方をお聞きいただければ幸いです。

旅に荷物はいらない

僕の人生初のひとり旅は、学生時代にした北海道旅行でした。約1ヶ月間、野宿したりしながら、気ままに過ごしました。それまでの家族旅行や小中高校の修学旅行にそれほど印象的なものはなかったのですが、このとき初めて旅の楽しさにめざめました。

「自分の関心が赴くままに旅した方がええな」――そう気づいたのです。

その後、20歳から30歳にかけて、日本の47都道府県をすべて旅しました。20代の旅行はほとんどが国内で、「日本のめぼしいところはひととおり回った」と感じてから海外に行くようになりました。

初の国外旅行は27歳のときです。当時勤めていた会社・日本生命からのご褒美でした。社内で論文の公募があり、僕が書いたものが入選したことで旅費と3ヶ月間のお休みをいただいたのです。それで世界一周のひとり旅をしました。

日本からアムステルダムに渡り、ロンドンで2ヶ月ほど英語を話す訓練をしてからパリ、ローマ、ニューヨークへ行って、日本に帰ってきました。最初がアムステルダムだったのは、ヨーロッパ各地に乗り換え便で行くのに便利だったからです。1970年代中盤には、日本からヨーロッパの主要都市への直通便は少なかったのです。

一番行きたかったのは、長くあこがれたロンドンです。僕のロンドンのイメージはシェイクスピア作品で形作られました。歴史劇の舞台としてのロンドンを見たかったし、観劇も目的でした。ロンドン塔のような定番の観光地にも行きました。

最初の海外旅行で「荷物はこんなにいらんな」と懲《こ》りました。それからは「旅行への持ち物は少ないほどいい」という考え方をしています。たいていのものは現地で買えます。僕は旅先に着いたらまずミシュランガイドを買います。それから、ヨーロッパであれば多くの国のほとんどの列車に乗れる鉄道のチケット「ユーレイルパス」を買う。これで十分です。ホテルの予約は1泊目と最終日だけは事前にしますが、それ以外は現地で探します。

どんな町でも、よほどのことがなければどこかのホテルには空室があります。

町歩きを楽しむ

僕は普段、列車での移動中や寝る前には必ず本を読んでいますが、旅行中には読書はしません。飛行機の中では寝ていますし、列車ではワインをちびりちびりとたしなみながら、景色を楽しみます。車窓から味わう風景も旅の良さのひとつです。たとえばスイスの景色、アルプスの山々は本当に美しかった。

旅と言うと「有名なあの観光地を見にいこう」と計画を立てる人が多いと思います。僕もそういうお目当てを決めないわけではないですが、旅のきっかけや目的はひとつで十分です。それ以外はあまり事前に予定を詰めすぎず、興味のおもむくまま散策するのも好きです。

時間のあるときはのんびりと人口10〜20万人の小さい町を回っていました。列車に揺られて外を眺《なが》めながら、駅から見える町並みがいいところがあれば、降りてみるのです。町に降り立ったら、まずはミシュランを開いてひとつ星以上のホテルを探し、その日の宿を確保します。LHW（リーディングホテルズ）であれば間違いありません（高いですが）。L

HWは高級ホテルとリゾートの国際的な組織で、多くのホテルが加盟しています。部屋が広くてきれいで気持ちがいいですし、スタッフの仕事の質が高く、旅行者への対応にも慣れていて、ユーモアもあります。そういうプロに町のことを尋《たず》ねてみます。

町に繰り出すと、歩ける範囲で教会、お城、大学、美術館等に行ってみます。ヨーロッパでは教会前の広場が好きですね。教会は地域、宗派、年代によって建築の様式や雰囲気が違いますから、それぞれに楽しい。市場も見ます。市場で物価を眺めると、その国のリアルな政治経済、地域の生活者の実態・実感に近い情報がわかります。

徒歩で行けない範囲にはタクシーで行きます。でもタクシーはそんなには使いません。町歩きをしながらゆっくり見たいからです。自分で車の運転はしません。お酒が飲めなくなりますから。

食事はホテルで「どこの店がいいか」を3ヶ所教えてもらい、実際に店構えを見て入るかどうかを決めます。たくさんお客さんが入っているお店なら間違いありません。ミシュランガイドに載《の》っている店なら言うまでもなく信頼できます。でも、食はある程度以上になればみんなおいしい。僕はなるべくその土地ごとのローカルフードを選びます。たとえ味が普通だったとしても、思い出になります。

食べ物以上に違いがはっきりわかるのは地元のお酒です。たとえばボルドーで飲んだワインは、聞いたことがない銘柄《めいがら》でもおいしかった。中国に行くと地元のビールを飲みます。地元のお酒はその土地の料理に合ったものが造られています。ですから、一緒に楽しむのが一番なのです。

夕食の予算は食事5千円＋ワイン5千円くらいを目安にしていました。今では物価も変わっていますから、あまり参考にならないかもしれません。食事以外は予算を特に決めず、なるべく安く済ませるでも、特別な贅沢をする旅でもありませんでした。

町歩きは1日だと見足りないことが多く、2日かけて、だいたい同じやりかたで見られるだけ見ました。2日過ごして大体のものを見たら、次の町に行く。でも、特に気に入ったらもう1泊する。このスタイルで、これまでに80カ国以上は旅行しました。

ヨーロッパに関してはひととおり見たいところには行けたと思っています。でもアメリカ、アジア、中国、ラテンアメリカ……まだ行きたい国は無数にあります。中東・インドではイラン、インド、ウズベキスタン、パキスタンは行きましたし、アフリカは南アフリカ、カタール、モロッコ、エジプトに行きましたが、まだまだですね。

個人で行きづらい場所は団体旅行で

これまでしてきた旅のうちで、家族などとの団体旅行が半分弱、ひとり旅が半分強くらいでしょうか。

旅先には個人では回れない場所がしばしばあります。団体で予約を取らないとひとり客は受け入れていなかったり、鉄道もなくタクシーでは割高で、交通が不便だからみんなでバス旅行したほうがよかったり——そういうところには自らツアーコンダクターを買って出て、参加者を募《つの》りました。そうすると団体旅行でも自分が行きたいところに、自分のペースで旅程を組んで行けるからです。僕はこれまで、15回ほど旅行を企画しました。たとえばミシュランの星付き料理を食べに行くツアーや、広大な中国の古代王朝の殷墟《いんきょ》を観に行く旅などです。面白そうな内容なら、人は集まります。

旅行の時間をどう作るか

僕は年に2回、必ず長期旅行をしています。そう言うと、「仕事はどうするんですか?」と質問されることもあります。

答えは簡単です。

「毎年2回、1月と8月の長期休暇には海外に行きます。その間はいません」と周囲に伝える、それだけです。「仕事の連絡はしないでください」と言っておけば、よほどのとき以外、連絡は来ません。不在の期間は「任せる」と決めて引き継ぎすればいいのです。最初のうちは「なんやあいつ」と思われていても、くりかえすうちに「あの人はそういう休みの取り方だから」と周囲も受け入れるようになります。

荷物を最小限に、身なりを質素にすればスリにも遭わない

関心のおもむくままに町を歩くといっても、危険なにおいがするエリアには行きません。人がいる道を選びます。大きなスーツケースを引きずっているといかにも「観光客」という雰囲気があり、狙われやすくなります。だから極力手ぶらに近い状態にして、お金を持っていそうな格好はしないのが大事です。有名な観光地にはスリもいますが「こいつはカネがなさそうだ」という雰囲気を出しておけば狙われません。

お土産は日本に帰ってきてから空港で買う

荷物が増えると不便ですから、旅先でお土産は買いません。せいぜいポストカードくらいです。旅は、その場で楽しむことが大事です。職場や家族へのお土産は成田空港や羽田空港で買っていました。だいたいチョコレートをあげていましたが、それで文句を言われたことはありません。

旅行会話はお決まりのフレーズと単語で乗り切れる

旅行会話は切符を買う、ホテルに泊まる、食事を頼むといった決まりきったことが多いですから、「ローマまで、切符1枚」くらいが言えれば用が足ります。初歩的なフレーズと単語で思い切って聞けば、そんなに難しくありません。

英語が通じない国や地域もありますが、要領は同じです。最低限の現地語さえ言えれば、何とかなります。

このようにして僕は、80カ国以上を旅してきました。次章からは国別に、実際に体験した旅行先のベストを綴《つづ》っていきます。

ヨーロッパの地方都市を訪ねて——デンマーク編

僕は1992年から95年にかけて、ロンドンで毎週発行される日本語の壁新聞に「ヨーロッパの地方都市を訪ねて」と題して旅行記、観光案内を連載していました。この連載を、旅をテーマにした本書にも、章末コラムとして再録したいと思います。

ロスキレ

北欧の玄関となるコペンハーゲンは、人魚姫の像で有名な活気のある美しい港町である。そのコペンハーゲン中央駅から北西に近郊電車で約30分も走れば、そこはもうロスキレ（Roskilde）である。ロスキレは人口約5万人のフィヨルドに面した静かな古都である。

15世紀に首都がコペンハーゲンに移るまで、この町はデンマークの王都であり、北欧ではもっとも大きな町として知られていた。駅前からバスに乗ってまずフィヨルド（港）まで出てみよう。港の東側に小ぢんまりとしたヴァイキング船博物館がある。ここには5隻《せき》のヴァイキング船が常時展示されている。いずれもロスキレのフィヨルドの海底から引き上げられたものだ。ヴァイキング船のミュージアムとしてはノルウェーのオスロのものが有名であり、陳列されているヴァイキング船のスケールも大きく、また保存状態もきわめて良好である。しかし、それらは、いずれも葬礼用の船としてヴァイキングの王族の墓から掘り出されたものである。これに対してロスキレのヴァイキング船は、現実に使われていたものである。ヴァイキングの人々は、意外と慎重なところがあり、使い古した船を同族の攻撃から町を守るための水中障害物として、入江の奥に沈めたのである。したがって、ロスキレのヴァイキング船は保存状態も各々ではあるが、この小さな帆船で、はるか昔の祖先達が、はるばるとグリーンランドや北アメリカまで波濤《はとう》をこえて行ったのかと思うと、興味は尽きない。博物館のガラスを通して目前に拡《ひろ》がるフィヨルドに、素朴で荒々しい船団が今にも現れてきそうな感じがする。

ヴァイキング船の見学が終わったら、港の南方にある緑がいっぱいの公園の中の小道をゆっくりと町の方角に上がっていこう。疲れたら振り返れば良い。段々と高く登るにつれて、フィヨルドが様々に姿を変えていく。その光景は本当に美しい。季節がよければ、あたり一面に赤いポピイの花が咲き乱れているだろう。30分も経たないうちに、デンマークきっての名刹《めいさつ》、ロスキレ大聖堂の赤いレンガの建物が目前に現れる。ここは世界最古の王家（日本の皇室を除いて考えているようだが）、デンマーク王室の墓があるところである。大聖堂の周辺は旧市街であり、人や自転車（自動車ではない）が、自在に行き交う人なつっこいダウンタウンになっている。

ロスキレの街角で、デザインに優れた北欧のお土産物を探すのも楽しい。一休みをしようとすれば、有名なCafé Satchmo（Rosenhavestraede）に勝るところはない（大聖堂から歩いて5分）。コペンハーゲンに戻れば、中央駅のすぐそばに有名なチボリ公園がある。夜のチボリは、イルミネーションがゆらめいて、昼とはまた違った表情をみせる。公園内に数あるレストランで夕食をとり、童心に帰って、たとえば星空に飛び出すような小さいジェットコースターで夜の一時を過ごすのも楽しい。

2 フランス

フォントヴロー修道院　フランスに埋葬された英国王

パリには少なくとも三十数回、どこかに行くための滞在拠点としたケースも含めればおそらく50回は訪れました。あるとき、昔から見たかったフォントヴロー修道院に、パリからひとりで向かったことがありました。

たまたまパリで5本の指に入ると言われるル・ブリストル・パリで宿が取れ、ホテルのボーイに行き先を告げると「今日中にフォントヴロー修道院に行って帰ってくる？　それは無理ですよ」と言うので「じゃあ明朝またここで会えるか、賭けをしよう」「いいでしょう、あなたが勝ったら朝食をおごります」――そう約束して宿を出ました。

フォントヴロー修道院はパリから南西に約300キロメートル、TGV（高速鉄道）で約2時間半の距離にあります。パリから往復の移動だけで5、6時間、じっくり見て食事もとったら「日帰りは無理」との意見もわかる距離でした。

12世紀に創設されたフォントヴロー修道院は中世を通じて栄え、特にイングランドとフランス西部を支配したプランタジネット朝（1154年〜1399年）の庇護《ひご》を受けて、プランタジネット家（アンジュー家）の墓所にもなりました。見どころのひとつは、プランタジネット朝をひらいたイングランド王ヘンリー2世とその妻アリエノール・ダキテーヌ、そして彼らの息子リチャード1世（獅子心王）のお墓です。彼らの彫像もあり、中世彫刻の傑作として知られています。

イングランド王室の夫婦なのに、フランスにお墓がある。面白いですね。一体なぜ、イングランドの国王がフランスに教会とお墓を建てようとしたのでしょうか。

その理由は、ヘンリー2世がイングランド王であると同時に、フランスの貴族ノルマンディー公でもあったからです。

ヘンリー2世夫妻の墓（奥）と
その息子リチャード獅子心王夫妻の墓（手前）

ノルマンディー公国は、911年にフランク王シャルル3世がヴァイキングの首領ロロに与えた領土に起源を持ちます。当初ノルマンディー公国はフランス王国の一部で、ノルマンディー公はフランス王の封臣（君主から土地や官位を与えられた家臣）でした。王と封臣であるノルマンディー公の関係は、封建制度という仕組みです。ノルマンディー公は王に忠誠を誓って軍事的支援を提供する、そのかわりに領地の統治権を得るのです。

でも時が経つにつれてノルマンディー公国は実質的な自治権を獲得していき、11世紀のノルマンディー公ギヨーム2世の時代に大きく成長します。1066年、ギヨーム2世はイングランドを征服し、イングランド王ウィリアム1世となります。いわゆるノルマン・コンクエストです。ノルマンディー公がイングランド王を兼ねることで、ノルマンディー公国は形式上フランス王国の一部だけれども、実質的にはイングランド王国と結びついた独立性の高い存在となりました。

さらに、12世紀半ばにイングランド王・ノルマンディー公に即位したヘンリー2世は、フランスの大貴族の娘アキテーヌ公女アリエノールと結婚し、アキテーヌ家が持つフランス南西部の広大な領地も手に入れました。この時代、プランタジネット朝は最盛期を迎えます。

ヘンリー2世夫妻は大のフランスびいきだったので、イングランドの王家の墓をフランスに置くことに決めたのです。ただパリまでは支配していなかったので、パリからずいぶん離れたところにお墓がある。そういうわけです。

僕はこのお墓を実際に見て満足し、深夜にパリに戻りました。翌日、ホテルでボーイを見つけて「僕が賭けに勝った」と言うと、彼は「何のこと?」という顔をしました。なんと、昨日の約束は忘れられていた!

でも「ヘンリー2世はイングランド王だけど、フランスの一部を支配していたからお墓がフランスにあって、それを見にいくと言ったでしょう」と話したら「ああ!」と思い出し、こころよく朝食をおごってくれました。こんなやりとりも、旅の楽しさです。

シャンゼリゼ通り　世界随一の近代的な大通り

ルーヴル美術館には本当に何度も通いました。レオナルド・ダ・ヴィンチの「モナリザ」は何度見てもいい絵です。ヨーロッパの絵画めぐりに関しては星海社新書の『出口治明学長が語る　人生が楽しくなる世界の名画150』でたっぷり語りましたので、よろしければそちらもご覧ください。

さて、パリにある「世界一有名な通り」と言っても過言ではないシャンゼリゼ通りは、ルーヴル宮から凱旋門《がいせん》、そして新凱旋門までが一直線に連なっています。これはすぐれた都市計画に基づいたものです。ナポレオン3世が1853年からセーヌ県知事のジョルジュ・オスマンとともにパリの大改造に取り組み、大通りの施設、緑地の増加、上下水道整備などを実現し、オペラ座建設なども行った遺産のひとつがシャンゼリゼ通りなのです。

かつては不衛生でごちゃごちゃしていたパリの町は、ナポレオン3世のパリ改造計画によって一新され、シャンゼリゼ通りもゆったりと広く拡幅されて新しい舗装が施され、並木が植えられました。

のみならず、シャンゼリゼ通りはルーヴル宮殿からコンコルド広場を経て凱旋門に至る一気通貫の道となりました。シャンゼリゼ通り沿いの建物の高さや外観に関する規制も導入されて、統一感のある町並みが作られたのです。ルーヴルからコンコルド広場までが約1・9キロメートル、コンコルド広場から凱旋門までも約1・9キロメートル、凱旋門から新凱旋門までは約4キロメートルと2キロメートル単位で刻む形で設計されています。つまり約8キロメートルもまっすぐな道が都市の中心部を走っています。長いだけでなく、通りの幅も広い。こんなふうに直線的に道を開発した都市は世界中を探してもパリにしかありません。非常に近代的な、計画的な都市づくりです。この通りがパリで一番の見どころと言っていいでしょう。

パリはナポレオン3世が作った町です。これに対してたとえばロンドンは町衆の町であり、シェイクスピアの町でもあります。そういう町並みが今でも残っています。東京は雑然としていて都市計画があまり機能していませんし、京都は計画的に作られていますが規模は小さいのです。

その後、フランソワ・ミッテラン大統領（在任1981年〜1995年）によるパリの都市改造プロジェクト「グラン・プロジェ」では、旧ルーヴル宮殿の約3分の1を占めていたフランス財務省のオフィスを追い出して宮殿全体をルーヴル美術館に改築し、美術館の中庭にガラスの「ルーヴル・ピラミッド」（1989年完成）を建設し、ルーヴルに始まり凱旋門を経て続く、シャンゼリゼ通りが象徴するパリの歴史軸の終点として新凱旋門（グラン・アルシュ）が位置づけられました。

僕が訪れた回数でいうと、パリはローマに次いで2番目に多い町です。パリは1850年代から大改造された都市であり、近代的です。流行の最先端があり、新しいものが好きな人にはたまりません。対照的にローマは古典的で、2000年のあいだずっと変わらない古いものがあります。いずれも甲乙つけがたい魅力的な都市です。

シャンティイ城・コンデ美術館　門外不出のフランスの名品

パリから北に約50キロメートル離れた郊外にあるシャンティイ城もすばらしいです。中世を起源とし、ルネサンス時代に大改築が行われ、17世紀と19世紀にも建築・改築がなされた壮麗な城館です。総面積115ヘクタールに及ぶフランス式庭園も美しく、幾何学的なデザイン、噴水、運河などが魅力です。

17世紀にお城の大規模な拡張を行ったのがルイ1世・ド・ブルボン＝コンデでした。フランスで勃発していたプロテスタント（ユグノー）とローマ教会の宗教戦争においてユグノー側を率いて戦ったルイ1世はフランス軍の名将であり、芸術のパトロンでもありました。

城内にあるのが彼の名を取ったコンデ美術館です。この美術館はルーヴルに次ぐフランス第2の絵画コレクションを誇り、ラファエロ、ボッティチェリ、プッサンなどの巨匠の作品を見ることができます。たとえば、ラファエロ・サンティの「三美神」は17センチメートル四方の小さな板絵ですが、イタリア・ルネサンスの名品です。

なお、美術館の創設者であるオーマル公爵は「コレクション全体がひとつの芸術である」と考え、彼の遺言によって所蔵品の館外貸出は禁止されています。ですからコンデにある傑作、佳品、それから素描のような貴重なものはいずれも、ここでしか見られません。

ボルドー　ワインを味わう旅

あるとき「そうだ、ボルドーに行こう」とふと思い立ちました。

僕が日本生命のロンドン現地法人社長だった頃のことです（1992年～1995年）。金融系の同業者を10人ほど募り、僕が手配をして1泊2日、貸し切りバス旅行を企画しました。ボルドーは広すぎて公共交通では回りきれないため、バスを借りたのです。

港町ボルドーはフランス南西部、ジロンド県の県庁所在地で、11万ヘクタールに及ぶ世

ラファエロ「三美神」

界最大のぶどう畑を誇るワイン産地です。

ボルドーにはガロンヌ川、ドルドーニュ川、そしてこの2つが合流して形成されるジロンド川が流れています。ガロンヌ川とドルドーニュ川の合流点付近は幅が約3キロメートル。僕らはボルドー郊外でバスを降りてジロンド川を船で渡ったのですが、「これは冒険やな」と感じるものでした。

ジロンド川を渡る市内の主要な橋は、海からかなり離れた場所に位置しています。僕らがぶどう畑を見に行ったあたりはジロンド川が大西洋に注ぐ河口付近であり、大規模な橋は存在しません。なぜかといえば河口が最大幅約12キロメートルもあって橋の建設が技術的に難しく、また、船の航行の妨げになるからです。ですから船で渡るしかないのですが、あまりに川が広大で「無事に渡れるかな」という気になりました。しかも僕らが乗るのはせいぜい50人程度がキャパシティの小さな船です。何にもない、質素な船でした。

はたして不安は杞憂に終わりましたが、渡った反対側もやはり一面ぶどう畑が広がっています。10月の終わりでしたから、もうぶどうは実っていませんでした。主要な品種で言うとメルローの収穫期が通常9月中旬から下旬、カベルネ・ソーヴィニヨンが9月下旬から10月上旬、カベルネ・フランがメルローとカベルネ・ソーヴィニヨンの中間ですからね。

でもポツポツとはあって、少しいただきました。正直、味はよくわからなかった。ワイン用のぶどうで渋みや酸味が強く、収穫時期も最盛期はすぎていましたから。それでも「これが時を経るほど値上がっていくボルドーワインのぶどうか」と眺めながら味わいました。

ジロンド川を見終えると、ボルドーの北東にある高品質なワイン産地のひとつ、サンテミリオンまで移動し、歩きでシャトー（ワインの醸造《じょうぞう》所）を3つ回りました。

サンテミリオンでは、古代ローマ時代からワイン造りが行われてきました。町の中心部は中世の面影を色濃く残し、石畳の急な坂道や石灰岩でできた建物、地下には広大な石切り場跡があり、一部はワインセラーとして利用されています。

ボルドー周辺には約8000のシャトーがあり、サンテミリオンに限っても約800の生産者がワイン造りに携わり、年間約3500万本のワインを生産しています。シャトーツアーは1時間くらいで、ぶどう畑の見学や醸造設備の説明、ワインの試飲などができます。ツアー定員は20〜30人、われわれ以外も含めて2、3組の団体で一緒に参加しました。

ぶどうの保管や加工をしている建物の中をワインを飲みながら見る時間が60％、ぶどうからワインになるまでの行程を見る時間が40％くらいで、ひとつの畑で5銘柄くらいの特級酒を少量ずついただきました。シャトーは土地ごとにワインの味が異なり、現地に行かないと飲めないようなワインもたくさんありました。

シャトーツアーをはしごした結果わかったのは「ボルドーのシャトーはどこを選んでも間違いない」ということでした。

ボルドーでの夜のディナー、翌日のランチもすばらしいものでした。当時のミシュランガイドに載っていたフランス料理の星付きレストラン——正確に言えばレストランとワイナリーが一緒になったルレ・エ・シャトーです。ルレ・エ・シャトーとは1954年にフランスで設立された高級ホテルとレストランの国際的な協会のことで、世界に約580、フランスには約180の加盟施設があります。ボルドーでは多くの場合、歴史的な城館や邸宅を改装したもので、宿泊施設と高級レストランを備えています。たとえばサンテミリオンにある「シャトー・グラン・バライユ」は19世紀に建てられた城館を改装したホテルで周囲にぶどう畑が広がり、メドックにある「コルデイヤン・バージュ」は有名なワイン生産地ポイヤックにあって、2つ星ミシュランレストランを併設しています。

僕が行ったお店はたしかひとつはラ・グラン・ヴィーニュ（La Grand'Vigne）だったと思います。もうひとつのほうはお店の名前を失念しました（いまはもう閉店している可能性もあります）。

ボルドーは1814年、ナポレオンの時代に連合王国（United Kingdom、いわゆる英国）軍に攻め込まれているのですが、当時ボルドー市民はこれを歓迎してブルボン王家の白旗を掲げています。なぜフランス人が連合王国の軍隊を喜んで受け入れたのでしょうか。

それは、ボルドー市民はナポレオン帝政に不満を溜めこんでいたからです。

フランスのワインといえばブルゴーニュが「ワインの王」、ボルドーが「ワインの女王」と呼ばれ、ライバル関係にあります。ブルゴーニュが主に国内消費用のワインを作る一方、港町ボルドーからはロンドンへ向けて国外向けワインが盛んに輸出されていました（今でもそうです）。

しかしナポレオンは「私はシャンベルタンしか飲まない」と言いました。シャンベルタンはブルゴーニュの赤ワインですから、非常なブルゴーニュびいきです。

それだけではありません。ナポレオンは1806年に対英経済制裁として大陸封鎖令を発令し、ボルドーワインの輸出を禁じました。そのせいで、ナポレオン時代にボルドー経済は大打撃を受けていたのです。ボルドーからイングランドへのワインの輸出は、12世紀にボルドーを相続した名家アキテーヌ公女がアンリ・プランタジュネ（さきほど言った、のちのイングランド王ヘンリー2世）と結婚し、ボルドーを含むフランス南西部を嫁入り財産とした頃から盛んでしたし、ボルドーはその後300年くらいイングランド領でした。中世から何百年も続く貿易が禁止されたら、怒るのも無理はないですよね。

だからボルドーに連合王国軍が入ってきたときに、ボルドーの人たちはむしろ英国側につきました。

僕がロンドンに勤務していた時にも、食事の席やパーティの際にはよくボルドーワインが出てきました。そのことをあるフランス人に振ると、こう返ってきました。

「私はロンドンの町は少しもいいとは思わない。でもたったひとついいところがある。ロンドンには良いワインがある。そう、ボルドーワインだ」と。

余談ですが、ボルドーの宿泊先のホテルには無人の温水プールがあり、男性陣のうち数名と翌朝6時頃から裸でプールで泳ぎました。僕はホテルに泊まると早朝に泳ぐのを習慣にしていて、ほかのみんなも誘ったのです。

そのあとバスに乗ると、ツアーの一員だった興銀（日本興業銀行）の現地法人副社長の40代女性と隣の席になり、「朝、見ましたよ」と耳元でささやかれました。何を見たのだろうと一瞬考えましたが、すぐに察しました。僕らが素っ裸でワイワイ泳いでいるとも知らずに、その女性はプールに来て覗《のぞ》いてしまったのですね。まさかそんなことになるとは僕も予想しておらず、びっくりして「えっ、あ……そう」と漏らすのがせいいっぱいでした。旅先でハメを外すにしても、気をつけないといけません。お恥ずかしい限りです。

コルシカ　ナポレオンの生家より印象深いレストラン

ナポレオンつながりでコルシカ島に1泊2日旅行に行ったときのこともお話ししましょう。ナポレオンの生家が見たいと思い、6月の休みに十数人を集めて旅行しました。

コルシカ島はフランス本土の南東約170キロメートルに位置する、地中海で3番目に大きい島です。現在の人口は約35万人。地理的にはイタリアのほうが近く、かつてはイタリアのジェノヴァ共和国やトスカーナ大公国の領地でもありました。

僕らは島の北東にあるバスティア・ポレッタ空港から3時間くらいバスに揺られて移動して、島の西海岸にある港町アジャクシオにたどり着きました。

アジャクシオにあるナポレオンの生家は、いまは国立博物館となっています。総面積は約1000平方メートルと広い邸宅で3階建てです。ナポレオン家の家具や肖像画、それからナポレオンのお父さんの書斎やお母さんの寝室まで、当時の生活を再現した展示などが見られます。それなりに大きいのですが、1時間ほどで見終わってしまいました。

コルシカは地中海性気候で、夏は暑く、乾燥しています。僕らが行った日も天気がよく、6月ながらすでに暑かった。港の湾内を一周する遊覧船にも乗り、天気に恵まれたこともあって景観は最高でした。

その後、港から山の方まで予約したオーヴェルジュに向けて時間をかけて北上します。オーヴェルジュとはフランスの伝統的な宿泊施設で、田舎や小さな町にある、宿泊と食事を提供する小規模で家庭的な宿のことです。コルシカにあるオーヴェルジュの多くはコルシカ建築を基にし、海沿いの村落や山間部などに石造りの外観や木製の装飾の店舗が点在しています。地元の食材を使ったシャルキュトリ（特にコルシカ特産のプリゾット）や子羊や子豚の丸焼き、キャストラート（羊肉料理）、ブロチオ（チーズ）を使ったコルシカ料理を出してくれます。

お店に着くとオーナーに、外の席へと案内されました。「この暑い中、外のテーブル席?」と思いながらも、僕らはテーブルをはさんで5人くらいずつ向かい合わせに座りました。

座ってみると、足下が掘りごたつのようにくぼんでいることに気がつきました。テーブルの下に、テーブルを突っ切るように細長く穴が掘られていたのです。人工的に作られたくぼみです。何だろうと思っていると、お店の人が「靴を脱いで」と言いながらけっこうな量のお水を持ってきました。「はあ、なるほど、この穴に水を入れて、そこに裸足で足をつっこんだらひんやりするで、と。そういうしかけか」――実際やってみると、涼しくなりました。大人が集まってみんなで裸足になって食事する機会なんて、滅多にありません。新鮮な気持ちになれました。料理の味もすばらしく、僕が40歳前後、ロンドン駐在時代に行った中でもっとも記憶に残っているレストランです。

目当てにしていたナポレオンの生家より印象深いレストランと出会うのも、旅の面白さです。

ヨーロッパの地方都市を訪ねて――フランス編

サン・ドニ

キリスト教の教会とはそもそも何だろう。それは一言で言えば墓にほかならない。なぜなら最初の教会は、聖ペテロの遺言にしたがって、彼の墓の上に建てられたからである（ヴァチカンのサン・ピエトロ大聖堂）。この考え方は、当時としては、おそろしく革命的なものであった。

古代の人々は生者の町と、死者の町を峻別《しゅんべつ》して考えていたからである。それを、ペテロは、墓をなんと町の中心（多くの教会は、ギリシャ、ローマ神殿の跡地に建てられた）に持ってきたのである。

教会が墓にほかならないことを確認するためには、サン・ドニの大聖堂を訪問すれば良い。

サン・ドニ（St-Denis）は、パリの郊外にある工業都市であるが、地下鉄（13号線）でパリから簡単に行く事ができる。シャルル・ド・ゴール空港から車でパリに向かう途中、右手に見える高い鐘楼《しょうろう》が、サン・ドニ大聖堂である。伝説によれば、ルテチア（パリ）の初代司教となった聖ドニ（ディオニシウス）は、250年頃、モンマルトルの丘の上で斬首されて殉教《じゅんきょう》したが、自らの首を抱えて、この地まで歩いて来たと言われている。大聖堂は、ルイ7世（のちにイングランド王ヘンリー2世に嫁いだ、アキテーヌ公女、アリエノールの最初の夫）の偉大な宰相《さいしょう》であり、おしゃべり好きで快活な修道院長であったシュジェールの創建による初期ゴシックの大傑作である（1136年頃、建設に着手）。

そして、大聖堂の内部は、クロヴィス（メロヴィング王家の初代、498年、ランスで受洗）から、カロリング王家、カペー王家と大革命まで延々と続くフランス王家一族の墓に満ちあふれている。大革命のさなか、すべての墓は暴かれ、遺体はセーヌ川に投げ込まれてしまったので（絶対の正義を信じる人々は、このようにいともたやすく狂信的な行動がとれるものなのだ）、現在墓の中は空っぽであるが、初期の横臥像《おうが》（平墓石）からルネサンス時代の豪華な墳墓彫刻（たとえばアンリ2世と王妃カトリーヌ・ド・メディシスの墓がその典型である）に至るまで、各々の王の事跡を思い浮かべると、実に感慨深いものがある。もちろんルイ16世と、悲劇の王妃、マリー・アントワネットの墓もある。

ついでに、ヨーロッパの主要国（王家）のいわば菩提寺《ぼだい》を挙げておこう。我が連合王国は、もちろんウェストミンスター寺院である。ドイツ（ハプスブルク家）は、ウィーンのカプチーナー教会（Kapuzinerkirche、聖シュテファン大聖堂のすぐ近くにある）、スペイン王家はマドリード郊外エル・エスコリアルにあるサン・ロレンソ修道院（Monasterio de San Lorenzo el Real）、イタリア王家は、フランス最大の湖、ブールジェ湖（Lac du Bourget）のほとりにあるオートコンブ大修道院（Abbaye de Hautecombe）である（イタリア王家、サヴォワ家は、１８６０年の住民投票までサヴォワを領有していた）。

ラ・カマルグ

白い馬が水を撥《は》ねて走り抜け、ピンクのフラミンゴの群れが浅い潟《かた》に静かに羽を休めている。まるで彫刻のように微動だにしない。カマルグ（La Camargue）特有の光景である。

ローヌ川の河口近くに拡がる広大なデルタ地帯、カマルグは、４００種類以上の野鳥が生息していることで知られる、フランス有数の自然公園である。カマルグへの入口は、通常、ゴッホやローマ遺跡、それに「アルルの女」で知られるアルル（Arles）であるが、ロンドンから入るにはブリティッシュ・エアウェイズ（British Airways）の直行便のあるモンペリエ（Montpellier）の方がなにかと便利であるように思われる。モンペリエは、人口20万人を超えるラングドック・ルション地方の首府であり、ヨーロッパ最初の医学校（1220年設立）の所在地として知られている。ここでのちに「ガルガンチュアとパンタグリュエル」を書くことになる若き日のフランソワ・ラブレーは医学を修めた。モンペリエは、実に活気のある町であり、パリのデファンスに匹敵（?）するような大開発が現在も進行中である。また、この町には、18世紀に作られた美しい水道橋（St-Clément 橋）もある。

モンペリエからピラミッド状の建物が連なる美しいリゾート地ラ・グランド＝モット（La Grande-Motte）を経て、バスで1時間と少し走ると、エーグ・モルト（Aigues-Mortes）に着く。沼と塩田の拡がる中に、忽然《こつぜん》と現れる城塞《じょうさい》都市エーグ・モルトは、聖王ルイが十字軍遠征のために作り上げた中世の人工港である。信じられないことではあるが、13世紀にフランス王は、地中海沿岸にひとつも安心できる領土（港）を持ってはいなかったのである。

城壁の北西に聳《そび》えるコンスタンス櫓《やぐら》（Tour de Constance、見学可）は、当時灯台として使われていたものである。城壁（Remparts）の上を歩くと、カマルグと地中海が一望の下に見渡せる。徐々に水路が砂に埋《う》まり、海岸線は後退を続け、15世紀にマルセイユがフランスの領土になるに及んで、エーグ・モルトは歴史の中に埋没してしまうのである。

エーグ・モルトから約30キロメートル、カマルグの中をさらに東に行くと、サント・マリー・ド・ラ・メール（Saintes-Maries-de-la-Mer）に着く。ここは、ロマニーの人々（ジプシー）の聖地である。伝説によると、2人のマリア（マリア・ヤコブ、マリア・サロメ、そしてその召使のサラ）が、この地に流れ着いたそうである。そして、その地に聖堂が建てられた。ロマニーの人々は、3人のうち、肌が黒かったということでサラを民族のいわば守護神として、ことに崇拝しており、聖堂の地下にはサラの像が祀《まつ》られている。5月末には大巡礼団で、町は文字通り埋め尽くされる。聖堂の屋根には、お金を払って登ることができる。ここから見る地中海も限りなく美しい。サント・マリー・ド・ラ・メールからは、約1時間と少しで、アルルまでバスの便がある。

アルビ

ロンドンからブリティッシュ・エアウェイズの直行便がある南仏、ミディー＝ピレネー地方の中心地トゥールーズから、北東へ列車で約1時間いくと、アルビ（Albi）に着く。人口5万人弱のアルビは、映画『赤い風車』の画家、トゥールーズ・ロートレックの生まれた町である。幼少時代の2度の事故で、身体障害者となったロートレックは、世紀末のパリに出て、当時の社交界の退廃と堕落を、冷徹にかつ温かく描ききった。元の司教館であるベルビー宮（Palais de la Berbie）が、トゥールーズ＝ロートレック美術館として公開されている。

しかし、アルビ観光のハイライトは、何と言ってもサント・セシル大聖堂（Cathédrale Ste-Cécile）に尽きる。読者は、アルビジョワ十字軍という言葉を聞かれたことがあるだろうか。11世紀頃から、カタリ派（あるいはアルビジョワ派）と呼ばれるキリスト教の一派が、ブルガリアから北イタリアを経て、南仏に伝えられた。カタリ派の教義は徹底的な善悪二元論（現世が悪、来世が善）で、きびしい禁欲生活を強いるものであった。その起源は、ペルシャのゾロアスター教に遡《さかのぼ》ると指摘する学者もいる。いずれにせよアルビは、13世紀にカタリ派の信者を迎え入れた最初の町であった。フィリップ・

オーギュストから、聖王ルイに至るカペー朝のひとつの極盛期を築いたフランス王家は、ローマ法王と組んで13世紀前半にカタリ派の絶滅を目論んだ。これが、アルビジョワ十字軍であり、その結果として、カペー王朝は、南仏ラングドック地方を支配下に組み入れたのである。サント・セシル大聖堂は、アルビジョワ十字軍のあと（1282年）に建設が開始されたものである。

まるで要塞を思わせるような特徴のある外観、美しい天井画、華麗な内陣の仕切り（Jube）、優雅で繊細な内陣（Chour）等は、この大聖堂の壮麗さをよく表している。しかし、オルガンの背後の壁一面に描かれた「最後の審判」には、適切な形容の言葉が見当たらない。その迫力は、ヴァチカン・システィーナ礼拝堂のミケランジェロをはるかに凌《しの》ぐだろう。

カタリ派から時代を大きく下回るもの（15世紀末）ではあるが、筆者にはカタリ派の信者に、悔い改めないと地獄へ落ちることを示しているように思えてならない。

大聖堂から数分も歩くとタルヌ川の河岸に出る。アルビの町は、タルヌ川の粘土を原料とするばら色のレンガで作られている。ばら色の旧市街を散策するのも心が浮き浮きする楽しみである。なお、1994年に天皇、皇后両陛下もアルビの町を訪問されている。

「最後の審判」を見て厳粛な気持ちになったら、トゥールーズ北西の町モワサック(Moissac、列車で約1時間)に歩を向けるのも良い。モワサックは、人口約1万人強の小さな町だが、ロマネスクの傑作サン・ピエール教会(Eglise St-Pierre)があることで知られている。南側正面入口(ポルタイユ)のタンパンの「最後の審判」や、内庭回廊(クロワットウール)の柱頭彫刻群は、素朴ではあるが、ロマネスク特有の気高く強靱《きょうじん》な、宗教的な厳しさを表している。

カンペールとコンカルノー

フランスのブルターニュ地方は、連合王国にとっても歴史的に馴染みの深い土地柄である。イングランド本土を追われたケルト人は、東西に離散し、東方では5世紀の終わり頃、ブルターニュに定着した。古い王国の都、カンペール(Quimper)周辺は、現在コルヌアイユ地方(Cornouaille)と呼ばれているが、これを英語に直すと、Cornwallとなる。イングランドの西端とフランスの西端は、まさに兄弟の間柄になるのだ。たとえば、アーサー王伝説が、ブルターニュに渡った吟遊詩人によって広く人口に膾炙《かいしゃ》し、キリスト教的な修正を経て、再びイングランド本土に上陸した事実は、よく知られている通りである。

パリのモンパルナス駅を起点とするTGVアトランティックを利用すると、パリから約4時間でカンペールに着く。人口約6万人のカンペールは、オデ川とステール川に挟まれた、中世風の美しい町である。浅い川には大きな魚が群をなして泳いでおり、沢山の花に包まれた小路の散策は、飽きることがない。中心部には、サン・コランタン（St-Corentin）大聖堂があり、小さいけれども個性のある美術館やブルターニュ博物館もある。しかし、カンペールの楽しみは、ケレオン通り（Rue Kereon）を中心とした旧市街の漫《そぞ》ろ歩きに尽きると思われる。町の観光は、徒歩で十分である。

カンペールまで来たら、少し欲張ってコンカルノー（Concarneau）まで足を延ばしたい（約27キロメートルの距離、バスの便がある）。コンカルノーは人口約2万人の活気のある漁港であるが、入江の奥の小島（Ville Close）が最大の見所である。この小島は英仏の百年戦争でも争われた要衝《ようしょう》であるが、島全体が美しい城壁で囲まれているのだ。囲われた町の中心で、今夜の夕食をとりたい。ブルターニュは、フランスではもっとも海の幸に恵まれた土地でもある。カンペール、コンカルノーとも、よほどのシーズンでなければ、飛び込みでも、容易に一夜の宿は見つけられよう。

なお、カンペールからバスで、コルヌアイユ地方突端のラ岬《みさき》（Pointe du Raz、ランズエンドに相当）に行くこともできる。また、カンペールからヴァンヌ（Vannes）まで戻れば（TGVで約1時間）、そのスケールでストーンヘンジをはるかに凌ぐカルナック（Carnac）周辺の大巨石群を見学することも可能である（ヴァンヌから約33キロメートル、バスの便あり）。

3 イタリア

フォロ・ロマーノ　意外と質素なローマの元老院

イタリア、中でもローマは僕がもっとも数多く訪れた旅先です。

ですから旅行記というより、名所紹介の形で書いてみたいと思います。

まずは定番の観光地、フォロ・ロマーノからです。

フォロ・ロマーノ（ローマ市民広場）は、イタリアの首都ローマ中心部にある古代ローマの遺跡群です。紀元前753年、パラティーノの丘にローマが建国され、そのふもとに整備されたのがフォロ・ロマーノの起源だと言われています。紀元前7世紀頃から紀元4世紀頃まで、約千年にわたってローマの政治、宗教、商業の中心地として栄えました。「フォロ」とはそれらの中枢となる公共広場を意味しています。初代皇帝に就いて共和制を終わらせたアウグストゥスが、養父カエサルが火葬されたところに紀元前27年に神殿を建てました。

僕たちが「古代ローマ」と言ってイメージする遺跡がもっとも残る広場です。

しかし意外に感じる場所もあります。

たとえば共和制時代の政治の最高機関であった元老院（クリア・ユリア）です。元老院の最初の建物は紀元前６００年頃に建てられたとされますが、いま見られる遺構の大部分はユリウス・カエサルの時代（紀元前44年頃）に建設されたものです。建物は長方形の構造で、内部には半円形の段々席があり、３００人くらいの元老院議員を収容できたようです。

こう言うとさぞ立派なのだろうと思われる方もいるかもしれませんが、むしろ小さいのです。見た目はけっして派手ではありません。古代ローマの元老院といえば、「いつまで我々の忍耐を濫用《らんよう》するつもりか、カティリーナよ」という語りに始まり、共和政を転覆させようと企てたカティリーナを弾劾《だんがい》したキケロの「カティリーナ弾劾演説」（紀元前63年）であるとか、数々の演説や事件が行われた場所です。すると歴史的な重要さのイメージに引きずられ、建物自体が巨大で荘厳であるとか、何千何万の人がそれを見ていたかのように錯覚してしまいがちです。違うのです。正直、建物としての魅力はありません。質素です。むしろそこが面白い。

現存するローマの元老院議事堂

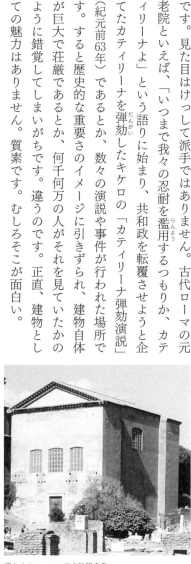

対照的にフォロ・ロマーノの東側に隣接して存在している円形闘技場コロッセオは実に大きい。70年にウェスパシアヌス帝がエルサレムを征服後に連れ帰った捕虜のうち4万人を使って建設をはじめ、その息子であるティトゥスが引き継いで10年がかりで完成させたコロッセオは、最大収容人数は約5万人。民衆に向けた娯楽として捕虜などを兵士として猛獣と戦わせたり、剣闘士同士で争わせたり、はたまた罪人の処刑が行われたりしたことで知られています。コロッセオの建築的な完成度は、この一帯では群を抜いています。

名所を俯瞰《ふかん》できる高い場所があるなら、そこにのぼってスケール感を把握してみるといいでしょう。たとえばフォロ・ロマーノの南西にあるパラティーノの丘にのぼると「元老院をはじめ、有名な建物も実は小さい。それに対してコロッセオはものすごく大きい」と実感します。

中くらいなのが、フォロ・ロマーノの北西端にあるセプテ

コロッセオ

イミウス・セウェルスの凱旋門です。フォロ・ロマーノには凱旋門が北西端と東端コロッセオ近くにふたつあります。東にあるのが、ローマに現存する最古の凱旋門、ティトゥス帝の凱旋門です。この東の凱旋門よりも北西側のほうがかなり大きく、構造としても北西はアーチが3つ、東は単一と違います。

ティトゥスの凱旋門でフォロ・ロマーノは終わり、そこから坂道をのぼっていくと今言ったパラティーノの丘に続いています。

丘にのぼると「そうか、古代ローマの7つの丘は本当にあったんだ」と感じることもできます。ローマの7つの丘は、紀元前8世紀には各丘に集落があり、浴場や町があったと語られ、文学や芸術作品で幾度となく「7つの丘の都ローマ」というイメージが取り上げられてきました。

多くの皇帝の宮殿が建てられ、権力の中心地となったパラティーノの丘。

ユピテル神殿がある宗教や政治の中心地カピトリーノの丘。

現在はイタリア共和国大統領官邸があるクィリナーレの丘。

もっとも小さく、古代には中流階級の住宅地だったヴィミナーレの丘。

ネロ帝の黄金宮殿があった、ローマでもっとも大きな丘であるエスクィリーノの丘。

古代には富裕層の住宅地で、のちに多くの教会が建てられたチェリオの丘。ディアナ神殿があった「平民の丘」であるアヴェンティーノの丘。

このように、社会階層ごとに地域が分かれていました。

ネロの宮殿も大きいです。ドムス・アウレア（黄金の家）は古代ローマの皇帝ネロが建設した豪華絢爛《けんらん》な宮殿で、コロッセオの北側にあります。ここは64年にローマの大部分が消失した大火のあとに建設が始まりました。宮殿はなんと当時のローマ市の約5分の1、推定30万平方メートルもの広大な敷地だったと言われています。黄金や宝石による装飾、回転する天井、自動で花びらを降らせる機構など、当時の最先端の技術が駆使されていました。

ところがネロの死後に宮殿は解体、その上にコロッセオやトラヤヌスの浴場が建設され、15世紀末に再発見されました。そうして見つかると、残された壁画を見るためにルネサンス期の多くの芸術家が訪れました。

7つの丘に建物があるということは、逆に言えばローマは大きな建物を建てられる平地が限定されている土地でもあります。それも行けばよくわかります。

サンタンジェロ城（聖天使城）　ローマ教皇が立てこもった城

ローマではサンタンジェロ城、別名聖天使城もいい。ヴァチカン市国のすぐ近くにあり、ローマの中心部からは徒歩で約15分のところにあります。もともとは西暦135年から139年にかけて、五賢帝と呼ばれるローマ皇帝の3番目にあたるハドリアヌスのお墓として建てられました。その後、590年頃にグレゴリウス1世の教皇在位中に要塞として使用されるようになり、さらには1277年に回廊が建設され、ヴァチカンと要塞を地下通路でつなげています。ここに戦争のときに教皇が立てこもっていたわけです。

一番有名な例は1527年の「ローマ劫掠《ごうりゃく》」の際のローマ教皇クレメンス7世です。彼がフランス王フランソワ1世と手を結んだことでフランスと犬猿の仲であった神聖ローマ皇帝カール5世の怒りを買い、傭兵《ようへい》部隊がローマを総攻撃して略奪や暴行が発生して、イタリア・ルネサンスの終わりの始

サンタンジェロ城

まりになったと言われる出来事です。このとき教皇が逃げこんだのがこの城です。

建物は丸い円筒形で、外周は約400メートル。簡単には一周できない広さです。コロッセオやネロの宮殿は建物に傷が目立ちます。老朽化や天変地異、異民族の襲撃などで倒壊した部分が少なくありません。ところがサンタンジェロ城は目立った傷がなく、まるで新しい建物のようです。教会がお金をかけて長期的にメンテナンスしてきたのでしょう。

サンタンジェロ城はヴァチカンとつながっていることでも有名です。こう言うとすぐ近くかと思うかもしれませんが、サンタンジェロ城とヴァチカンを結ぶ秘密の通路の長さは約800メートルもあり、テヴェレ川を挟んで相当に離れています。「近代的な建設機械もない時代に、よくこんな距離の地下通路を作ったな」と教会の資金力に驚かされます。

ヴァチカン　空間ごと体験すべき美術品たち

ヴァチカンで見るべき場所をひとつ挙げるとしたら「アテナイの学堂」をおいてほかにはありません。

ラファエロが描いた「アテナイの学堂」はヴァチカン美術館の一部、4つの部屋からなる「ラファエロの間」のうち「署名の間」に展示されている大規模なフレスコ画です（1509年〜1510／1511年制作）。古代ギリシアの哲学者や科学者たちが集う様子を描いていますが、ラファエロは同時代の芸術家や学者の姿を重ね合わせています。たとえばプラトンはレオナルド・ダ・ヴィンチの姿を借りています。

壁画と天井画で部屋全体が装飾されたラファエロの間を見るには、1時間はかかるでしょう。「アテナイの学堂」以外にも「聖体の論議」など著名な作品があり、ラファエロの間全体がイタリア・ルネサンスの最高傑作だと言う人もいるほどです。

それからヴァチカン市国の中心部に位置するサン・ピエトロ大聖堂の正面、サン・ピエトロ広場も見どころです。ジャン・ロレンツォ・ベルニーニによって1656年から1667年にかけて設計・建設されたものです。巨大な楕円《だえん》の形をしており、ここにやってきた人たちがまるでキリストの腕に抱かれるような象徴性を演出しています。ほかにもエジプトから運ばれたオベリスクや2基

ラファエロ「アテナイの学堂」

の噴水、1日の時間帯によって変化する光の演出……これらの魅力は写真や映像で見ても10分の1も伝わらないでしょう。空間として体験する価値がある場所です。

ジャコメッティに影響を与えた古代イタリアの遺物

ヴィラ・ジュリア国立博物館

ローマ北部、ボルゲーゼ公園の近くにあるヴィラ・ジュリア国立博物館では、古代イタリアの文明であるエトルリア人（エトルスキ）の遺物が展示されています。ローマに来たら、ベルニーニの「アポロンとダフネ」やティツィアーノの「聖愛と俗愛」を所蔵するボルゲーゼ美術館、ラファエロの「ラ・フォルナリーナ」を所蔵しているバルベリーニ宮（国立古典絵画館）ともども見ておきたい場所です。

エトルリア文明は紀元前8世紀から紀元前3世紀頃にかけて、現在のイタリア中部に栄えた古代文明で、のちのローマ文明に影響を与えました。壁画、彫刻、青銅の工芸品、陶器、建築などにすぐれ、貴族を埋葬する大規模な墳墓を集めたネクロポリ

夫婦の石棺

スもよく知られています。

紀元前520年〜530年頃の陶製棺「夫婦の石棺」がもっとも有名な展示物で、僕も一番に見るべきものだと思います。

それからやはりエトルリア美術の「チェルヴェテリのアポロ」も重要です。紀元前6世紀末〜5世紀初頭の作品と推定される細長い彫像です。これはアルベルト・ジャコメッティの「歩く男」シリーズに似ています。ジャコメッティが盗んだとしか考えられないくらいそっくりです。僕はジャコメッティも好きですが、ここに来るとエトルリア美術のほうが造形的に優れていると感じます。

サンセポルクロ市立美術館　一枚の絵のために行く価値がある町

僕が偏愛する芸術家のひとりに、ピエロ・デラ・フランチェスカがいます。ルネサンス期の画家であり数学者であった彼は、幾何学的な精密さと明確な遠近法を用いた見事な構図、それから人物の表情の複雑さが特徴的な作家です。

ピエロの「キリストの復活」（1460年〜1465年頃制作）

ピエロ・デラ・フランチェスカ「キリストの復活」

があるのが、トスカーナ州アレッツォ県サンセポルクロという、城壁と要塞に囲まれた小さな町です。画家の出身地でもあるこの町には、「キリストの復活」のためだけに行く価値があります。

サンセポルクロ市立美術館は15世紀に建てられたパラッツォ・デッラ・レジデンツァという建物の中にあります。このパラッツォには、フィレンツェの支配者メディチ家の役人が住んでこの町を統治していました。

美術館は小ぶりですが、ピエロの「キリストの復活」は第二次世界大戦中に破壊の危機にさらされ、連合軍の砲兵隊長アンソニー・クラーク（のちのナショナル・ギャラリー館長）が、この壁画の存在を知って町への砲撃を中止したという逸話があります（この話の真偽については議論がありますが）。ルネサンス期の『芸術家列伝』を記した芸術家にして美術史家のジョルジョ・ヴァザーリ――彼もアレッツォの出身でした――も「キリストの復活」をピエロの最良の作品だと評価しています。

キリストの決然たる表情、そして力強さを強調する構図をぜひ見てください。ほかにもピエロの最初期の祭壇画「慈悲の聖母」などもここにあります。

カステル・デル・モンテ　八角形が特徴的な城

旅先で立ち寄った、美しさが心に残った城に、カステル・デル・モンテがあります。13世紀に建てられたこの風変わりな石造りのお城は、イタリア半島南部、かかとにあたる部分に細長く広がるプーリア州のバーリ県アンドリア市近郊にあります。

このあたりでは中世に貴族たちのあいだで狩りが特に盛んで、野ウサギやキジ、ヤマウズラなど、ジビエを食べることができました（近年では規制が厳しくなっているようですが）。カステル・デル・モンテは、オリーブやぶどうの丘を越えて海抜540メートルの小高い丘までのぼっていくと松林に囲まれたところに姿を現し、城からは周囲の平野を見渡すことができます。

建設を命じたのはローマ皇帝フリードリヒ2世（在位1220年〜1250年）。才人で天文学や数学などの諸学問にす

カステル・デル・モンテ

ぐれたフリードリヒ2世は、ホーエンシュタウフェン朝の皇帝でシチリア王国の王でもあり、中世ヨーロッパにおいて強大な権力を持った君主でした。

僕は13世紀のイタリアが好きなのですが、フリードリヒ2世はその時代にプーリア地方をことのほか愛して文学や科学の中心地とし、多くの城塞や宮殿を建設した人物です。それで行ってみたのですが、正解でした。

カステル・デル・モンテは八角形の形状をしています。真ん中の八角形の中庭を囲むように各角に八角形の塔が配置され、各塔は最上階へ向かう螺旋《らせん》階段を3つずつ備えるなど、全体が規則的、幾何学的に設計されています。

こんな形のお城はイタリアでも唯一、ここにしかありません。その独特の建築様式と歴史的重要性から、イタリアの1セント硬貨にもデザインとして採用されています。なぜこんな不思議な形にしたのか。諸説ありますが、純粋な軍事施設としては不適切な設計ですから、狩猟用の別荘、あるいは天文台に使うために作られたのではないかとか、フリードリヒ2世がエルサレムに入城した際に見た岩のドームをもつモスクが八角形だったことに触発された、といった説があります（イスラームでは天国は8つの庭で構成されているとされます）。

トラーニ大聖堂　ビザンツやイスラームの影響をイタリアで感じる

カステル・デル・モンテから約40キロ、車で小1時間の比較的近い場所にあるのがトラーニ大聖堂こと聖ニコラ巡礼者大聖堂です。

アドリア海に面した港町にあり、大聖堂の建設は1099年に始まり、12世紀半ば〜13世紀初頭に完成しました。十字軍の時代です。その頃トラーニは東方との交易の重要な拠点でした。

面白いのが、建築様式は主にロマネスク様式、つまりキリスト教のものですが、ビザンツやイスラーム建築の影響も見られるところです。東方貿易を通じて中世の南イタリアがさまざまな文化の交差点となっていたからでしょう。

トラーニの大聖堂は海岸沿いの高台にあり、市街地からも目立つ壮大な建築物です。逆に大聖堂の上までのぼり、海を見渡すと絶景が広がります。

トラーニ大聖堂

タルクイニア

ローマから、鉄道で約1時間強、ティレニア海に沿って北上すれば、タルクイニア(Tarquinia)に到達する。今日のタルクイニアは、人口約1万5000人、美しい海浜保養地と、丘の上の町の2つに分かれているが、この町の創建は伝説によると実に紀元前12世紀あるいは13世紀にまで遡る。ローマ以前、イタリアはエトルスキ(エトルリア)人の国であった。そしてタルクイニアは、紀元前6世紀、大海洋国家エトルスキ全土を支配していたのである。ティレニア海はエトルスキ人の海という意味であり、ローマそのものが当時はタルクイニアから来た王朝によって支配されていたのである。

紀元前3世紀にローマによって滅ぼされたエトルスキ文明の全容はいまだつまびらかにはされていない。ただし、伝染病を恐れて、高所に建設されたエトルスキの都市(ペルージア、オルヴィエート、アレッツォ、ヴォルテルラ、カプア、ヴィテルボ等の町はすべてエトルスキ起源)は高度な計画性を示していた。ローマ人は都市作りを実はエトルルスキから学んだのである。ローマ人の独創のように思われてきた都市計画や大規模な土木工事は、すべてエトルスキからの剽窃《ひょうせつ》なのだ（ローマ人の独創は政治技術と軍事組織力に限られる）。

丘の上のタルクイニアの町の城門をくぐると、左手に15世紀のヴィテルレスキ宮殿内に設けられた国立タルクイニア博物館が現れる。この博物館は、ローマのヴィラ・ジュリア（Villa Giulia）国立博物館と並ぶ、エトルスキ美術の宝庫である。エトルスキ美術はギリシャの影響を色濃く受けてはいるものの、陶器や彫刻、純金の比類のないアクセサリー、美しく力強い線描画の描かれた鏡類等、リアリズムと動きの表現に独特の個性を示している。タルクイニアを訪れれば、ローマ人だけではなく、ジャコメッティも、エトルスキの盗人であったことが、誰にもわかるだろう。また、エトルスキの夫婦の石棺を見れば、永遠の男女の愛がどのようなものであるのかも、ただちに了解することができよう。

しかし、タルクイニアの真髄は、郊外のエトルスキの死者の町（Necropoli Etrusca）に尽きる。郊外と言っても、博物館から歩けない距離ではない。この大墓地は長さ5キロメートル幅1キロメートル近くにも及び、地下に約600の墓がある。地上には何もなく、墓への入口がわずかに口を開けているにすぎない。だだっ広い原野といった趣である。地下の墓地は、描かれている壁画の内容によって、たとえば豹《ひょう》の墓とか牡牛の墓、狩りと漁の墓といった名前がつけられている。しかし、日によって開かれている墓が違うので、どの墓を訪れるべきかという問いは愚問だろう。とにかくどれでもいいから地下への浅い階段を降りていこう。墓室の壁に描かれた生き生きとしたエトルスキの絵画は、その鮮やかな色彩もさることながら、おそらく現在のイタリア人がそうであるように、エトルスキ人が、いかに人生をゆたかに過ごしたかということを我々に教えてくれるだろう。心優しきエトルスキ人は、宴会、ゲーム、音楽、ダンス、狩り等の現世の楽しみを死者にいつも思い出させようと試みたのである。

タルクイニアには、ほかにもサンタ・マリア・イン・カステルロ教会（Chiesa di Santa Maria in Castello）等の見所があり、他のイタリアの古い町と同様にダウンタウンのそぞろ歩きにも退屈することはまったくない。

アッシジとスペッロ

人口約2・5万人のアッシジ（Assisi）は、聖フランチェスコと彼に帰依したうら若い乙女キアーラの伝説に縁取られた町である。町の西端に位置するサン・フランチェスコ聖堂（Basilica di San Francesco）は、下のバジリカと上のバジリカの2層構造になっているが、古くからこの巨大な建物については、賛否両論があり、ゲーテが『イタリア紀行』の中で「嫌悪の念」を表明し一顧だにしなかったのは、あまりにも有名である。聖フランチェスコが亡くなったのは1226年であるが、その時代は、中世最高の啓蒙君主として知られるフリードリヒ2世の統治期に当たる。英邁な皇帝はイタリアの統一をめざしたが、これに反対する教皇庁は、民衆のフランチェスコに対する崇敬の念を、反皇帝運動の一環として組織しようとした（ギベリーニ皇帝派対グェルフィ教皇派の争い）。そのような強い政治的な意図を受けて、このバジリカは、豪奢な装飾をまとい、早くも1253年には献堂されたのである。しかし、バジリカの内部を飾る多くのフレスコ画は、文句なしにすばらしい。上にはジョットとチマブーエがあり、下にはシモーネ・マルティーニがある。

町を東の方角に歩いて行くと、コムーネ広場（Piazza del Comune）に着き、ゲーテが絶賛したミネルヴァの神殿（Tempio di Minerva、コリント様式の6本の列柱がそのまま残されている）がある。さらに東に進むと、ドウオーモ（Cattedrale di San Rufino）が現れる。フランチェスコもキアーラもフリードリヒ2世皇帝もここで洗礼を受けたのである。このドゥオーモのロマネスク様式の正面（ファサード）は、本当に美しい。長い年月の下で、すっかり丸くなってしまった入口の2頭のライオンの表情には心をなごませるものがある。少し足に自信があれば、北辺の中世の城郭（Rocca Maggiore）に登ってみよう。塔の頂上からは、アッシジの町並みと、ウンブリアの田園風景が一望の下に見渡せる。町にはこのほかにもキアーラの教会（Chiesa di Santa Chiara）や、郊外の糸杉とオリーブの木立に囲まれたサン・ダミアーノ修道院（Convento di San Damiano）などフランチェスコ縁《ゆかり》の地には事欠かないが、時間があれば、南東12キロメートルの地にあるスペッロ（Spello）にぜひ立ち寄ってみたい。

この小さな丘の上の村落は、知られざるイタリアの宝石である。ローマ時代の城壁や城門、ピントルッキオのみずみずしいフレスコ画のあるサンタ・マリア・マジョーレ教会等見所も多いが、2時間でも3時間でも良いから、絵に描いたような中世の美しい町並みを、ただひたすら堪能《たんのう》してほしい。スペッロが好きになれないのなら、ようするにあなたはイタリアがきらいなのである（アッシジまでローマ・テルミニ駅から北へ約180キロメートル、鉄道で約2時間）。

オルタ湖と湖水地方

あなたがもし山すその湖が好きなら、そしてすべてが清潔で人々は慇懃《いんぎん》だが、何より退屈なスイスが好きではなかったら、行くべきところはひとつしかない。すなわちロンバルディア・アルプスの裾野《すその》に広がるイタリアの湖水地方である。

これらの湖は氷河によって形成され、いずれもせまく細長い。その最大の魅力は、アルプス固有の山国の景観と、イタリア的な南国の香りとをあわせて満喫できる所にある。湖水地方の湖は、各々が強い個性を主張しており、けっして同質ではない。たとえば、古代から「幸運をもたらす湖」と呼ばれてきた最大の湖、ガルダ湖（Lago di Garda）のシルミオーネ（Sirmione）、この細長いシルミオーネ半島の突端に展開する小さな町は、力強い城塞（Rocca Sealigera）に始まり、岬の先端のローマ遺跡（Grotte di Catullio）に至るまで、実に居心地が良く、イタリアの地方都市の魅力をほとんどすべて兼ね備えているといってもけっして過言ではない。たとえば、マジョーレ湖（Lago Maggiore）のストレーザ（Stresa）、ここは有名なボロメオ諸島（Isole Borromee）に面した町で、船でベッラ島（Isola Bella）に渡り、美しい宮殿やイタリア式の大庭園を巡り、また、マドレ島（Isola Madre）の花々が咲き乱れる植物園を見て回るだけでも、あっという間に1日が暮れるだろう。さらにコモ湖（Lago di Como）、カルロッタ邸（Villa Carlotta）をはじめとする湖に面した数多くの優美な別荘と見事な雛壇《ひなだん》式庭園の数々。ルガーノ湖（Lago di Lugano）のほとりのスイスにあるイタリアの飛び地カンピオーネ（Campione d'Italia）等々、イタリアの湖水地方は、行くところの選択にほとほと困ってしまう場所である。その中で、今夜の宿をただ一箇所選ぶとすれば、筆者はオルタ湖（Lago d'Orta）に歩を向けたい。この小さい湖は、ストレーザから、ウィンタースポーツの聖地、モッタローネ山（Mottarone、1491メートル）を隔《へだ》てた西側に位置している。

湖のほとりには、オルタ・サン・ジュリオ（Orta San Giulio）という小さな町があり、こぎれいなホテルがいくつも並んでいる。ボートで、湖に浮かぶサン・ジュリオ島に足を延ばしてみよう。長さ275メートル幅140メートルの小さな島には、聖ジュリオに捧げられたバジリカ聖堂がある。夜のとばりがオルタ湖をつつむとき、あなたは、この世の平安をきっと噛みしめているにちがいない。夜が明ければ、対岸の小さな教会マドンナ・デル・サッソ（Madonna del Sasso）までドライブしてみよう。教会のテラスからは、緑の山々に囲まれた宝石箱の中のもっとも美しい宝石オルタ湖のすばらしいパノラマが開けている。なお、湖水地方に入るにはミラノが便利であり、たとえば、ミラノからストレーザまで、列車で約1時間の距離である。

ラヴェッロ

「イタリアの永遠の劇場」であるカンパーニア州の州都ナポリは、古来から「ナポリを見て死ね」と謳《うた》われた風光明媚《ふうこうめいび》の地であるが、ナポリ近郊には、そのナポリに勝るとも劣らない観光名所がキラ星のごとくひしめいている。カプリ島やイスキア島、ヴェスヴィオ火山、ポンペイ、ソレントとそれこそ枚挙《まいきょ》に暇《いとま》がないが、今回は、その中からラヴェッロ（Ravello）を取り上げてみたい。

ソレントからサレルノの間約30キロメートルに及ぶアマルフィ海岸は、ドライバーにとっては実にスリルに富んだ、ヨーロッパ有数のヘアピンカーブの連続によって知られるが、垂直に連なり立つ岸壁の中腹を縫《ぬ》っていくつづら折りの道路から眺める景観は、この世のものとは思えない絶景が次から次へと現れる。どこまでも透明な海の青、まばゆいばかりの空の白、点在する絵のような町や村、積み重ねられた歴史、荒々しく同時に限りなく美しい大自然、世界広しといえども、アマルフィ海岸ほど、旅情のすべてを満喫させる地域はめずらしいだろう。人口約2200〜2500人のラヴェッロは、そのアマルフィ海岸の中程に位置するすばらしい景勝地である。ワグナーやD・H・ロレンスがこよなく愛したラヴェッロは、空と海のまさに中空に懸けられた眺望絶佳の宝石であり、夢の吊り橋である。東方趣味の印象的なドウオーモをいただくイタリア最古の海の共和国アマルフィ（Amalfi）の方からドラゴンの谷に沿ってジグザグに登ってくると、そこはもうラヴェッロだ。まず目に入るのは、ヴェスコヴァード広場（Piazza Vescovado）に面した11世紀に建立されたドウオーモ（Duomo）である。

小さいが美しいこの大聖堂には、モザイクで飾られた立派な説教壇が残されている。ドウオーモを出て、海の方にものの2〜3分も歩けば、ルフォーロ荘（Villa Rufolo）の入口に到達する。ルフォーロ荘は、ローマ法王や、13世紀後半シュワーベン王家を滅ぼし、シチリア王となったフランス王の弟シャルル・ダンジュー、それにワグナーの住居となったラヴェッロではもっとも有名な13世紀の別荘である。ルフォーロ荘には、いくつかの塔や、11世紀に遡るシチリア・ノルマン様式の古い回廊、エレガントな別荘の建物等が残されているが、もちろん最大の見所はテラスからの眺望である。前景にアンヌンツィアータ教会のクーポラを配したオルソ岬からサレルノ湾にわたる大パノラマは、比類がないとしか形容できない。

ルフォーロ荘を出て、アマルフィの方角に、小道を少し辿《たど》ると、チンブローネ荘(Villa Cimbrone)に着く。別荘の中にも美しい回廊や見事な部屋がいくつか残されているが、南国風の庭園を横切る並木道をまっすぐ展望台に急ぎたい。大理石の胸像の並ぶテラスからのパノラマは、まさに絶景中の絶景であり、展望台の下のティールームの岸壁にせり出したわずか2席の石造りのイスで飲むエスプレッソの味は、一生涯けっして忘れることはできないだろう。アマルフィ海岸では、ラヴェッロのほかにもアマルフィ、ポジターノ(Positano)等、シーズンを少しはずせば宿泊場所に事欠くことはない(現在、チンブローネ荘はホテル)。

ピサ

ヨーロッパ、とりわけイタリアの広場はどこも美しい。しかもただ単に絵画的に美しいだけでなく、それぞれの町に住んでいる人間の肌のぬくもりのようなものが、そこはかとなく感じられるのである。石畳の上に腰をおろして行き交う人をぼんやりと眺めているだけでも、特にお天気が良ければ、どんなにか楽しいことだろう。

では、イタリアではどの町の広場がもっとも美しく、かつ、もっともなつかしいのだろう。

これはとびきりの難問である。しかしトップ5ということになれば、ピサ（Pisa）のドウオーモ広場（Piazza del Duomo）は間違いなくランクインするだろう。

ロンドンからブリティッシュ・エアウェイズの直行便のあるピサは、人口約10万人、ガリレオ・ガリレイで有名な港町である（ちなみにピサ空港の正式名称は、ガリレオ・ガリレイ空港である）。ただし、港町といっても海に面している訳ではない。アルノー河の河口に町は拡がっている。ヨーロッパには、ハンブルクなど意外と川に面した港町が多いのだ。中世のイタリアでは、４つの海洋共和国が栄えていた。ヴェネツィア、ジェノヴァ、アマルフィ、それにピサである。今でもイタリアの海軍旗や商船旗は、三色旗の中央に、これらの4つの共和国のいにしえの国旗を組み合わせて用いている。ピサの極盛期は12世紀～13世紀初頭である。その後、ピサは海ではジェノヴァと争い、陸ではフィレンツェと争って凋落《ちょうらく》していくのだが、ドウオーモ広場は、ピサの最盛期にほぼ完成されたものである。

方形のこの広場には、ドウオーモ、あまりにも有名なその斜塔、洗礼堂、納骨堂（墓地）がそれぞれにふさわしい間隔で並んでいる。全体が白い大理石で構成されたこの広場の第一印象は強烈である。イタリアにはよく似た雰囲気の広場が数多くあるが、ピサのドウオーモ広場のイメージはおそらく誰のまぶたにも生涯焼きついて離れることはないだろう。

ドウオーモはロマネスクの名建築であり、3層の小円柱を配した美しいファサードは、俗にピサ様式と呼ばれている。内部のランプの揺れはガリレオに大きな啓示を与えたと言われている。斜塔については説明を要しまい。（円型の）洗礼堂もすばらしい建築物であり、写真の被写体としては最適である。しかし、ピサに足を運んだからには、ぜひとも納骨堂をじっくりと鑑賞したい。ピサの納骨堂は中央に中庭を配した回廊式のシンプルな建物である。そして見るべきは、名も知れぬ14世紀の画家によって描かれた壁画の数々である。

ヨーロッパの14世紀は、ペストが猖獗《しょうけつ》を極めた時代であった。生と死は常に隣合わせであり、ヨーロッパの各都市の人口は、ところによっては半分以下になったとも言われている。

壁画に描かれた有名な「死の勝利」は、14世紀の人々の人生観や死生観そのものを表したものであろう。見る人を厳粛な気持ちにさせるこの壁画は、ディテールに至るまで限りなく美しい。ピサにはほかにもサンタ・マリア・デラ・スピーナ教会（Chiesa di Santa Maria Della Spina)、国立美術館など数多くの観光名所があり、時間をつぶすのに少しも困ることはない。

4 ポルトガル

リスボン　ボスの名画「聖アントニウスの誘惑」を目当てに

ロンドン勤務時代、リスボンへ2泊3日の週末ひとり旅に出かけました。

ポルトガルという国の歴史は、イベリア半島北部を支配していたレオン王アルフォンソ6世が1093年、エンリケ・デ・ボルゴーニャにポルトガル伯領を与えたことに始まります。エンリケの息子アフォンソ・エンリケスが1139年にポルトガル王を称し、1143年にレオン王国がポルトガルの独立を承認、1179年にはローマ教皇もポルトガル王国を公認し、国際的にも認められました。

ポルトガルの首都で大西洋に面した港湾都市、ヨーロッパ大陸最西端の首都であるリスボンへの旅のいちばんの目当ては、ボスの「聖アントニウスの誘惑」です。

ヒエロニムス・ボスの「聖アントニウスの誘惑」（制作年代は推定1495年〜1515年）は、国立古美術館に所蔵されている三連祭壇画（トリプティク）です。

ボスはネーデルラント出身の特異な作風の画家で、「聖アントニウスの誘惑」は彼の代表作のひとつです。聖アントニウス（251年頃〜356年頃）は疫《えき》病《びょう》を治療した聖人ですが、この美術館にはドイツ・ルネサンスを代表する画家アルブレヒト・デューラーが描いた聖ヒエロニムスの絵も所蔵されています。

なぜボスの作品がポルトガルにあるのかといえば、16世紀にポルトガル王マヌエル1世がネーデルラントの画商から購入したからだと考えられています。当時のポルトガルはいわゆる大航海時代で景気がよく、美術品集めにも精を出していました。

三連祭壇画では、一般的には中央パネルに主要な宗教的場面（キリストの生涯、聖母マリアなど）、左右翼パネルには関連する聖人や寄進者の肖像が描かれ、左翼には物語の始まり、真ん中に主要な出来事、右翼で結末や後の出来事を描く（左から右に時間が流れる）のがお約束となっています。

しかしボスの三連祭壇画は、いずれもこの様式を逸脱していいます。中央に宗教的に重要な場面、モチーフを描いてはいるものの、

ヒエロニムス・ボス「聖アントニウスの誘惑」

要素は複雑で、細部の描きこみに目を奪われます。人間の造形は若干雑に見える一方、鳥や魚、謎の生物は非常に写実的に描かれ、そうした生き物と人間のサイズは同じか、人間が小さいくらいのことが少なくありません。また、真ん中でキリストの降臨のような救済的な場面が描かれていても、その後の場面を描くはずの右翼にも禍々しい生き物が変わらず描きこまれていたりもします。謎めいていて混沌としている。けれども全体としての構図はよく考えられていて、ひとつひとつの要素が面白い。ボスの最良の作品は、見ていて飽きることがありません。気づけば僕は2時間も見入ってしまいました。

この作品では、聖アントニウスが悪魔の誘惑に耐える様子を描いていますが、僕は右側の部分が特別お気に入りです。キリスト教の絵なのに、裸の女が木陰で客を引いているところを描いている、衝撃的な絵です。でも近くにいる聖アントニウスは誘いに乗らずに一生懸命本を読んでいますね。聖アントニウスはさまざまな誘惑に耐えた聖人とされており、また、聖書や学識の象徴として本とともに描かれることが多い人物ですが、ボスはこの絵では本や文字もその誘惑の一形態として描いているのではないかという解釈があります。度を超えた本好きは、読書という誘惑に負けて、ほかのことに目を向けられなくなっているのかもしれません。

右翼パネル右下から対角線を引くように反対側の左翼パネル上部に目をやってください。この三連祭壇画ではどのパネルにも天空に空飛ぶ魚らしき生き物がおり、さらにその上に人が乗っている姿が描かれています。左パネルでは聖アントニウスが仰向けの体勢で空を飛びながら祈っています。何とも言えないおかしさがあります。これは悪魔の誘惑と戦っているのだろうと解釈されていますが、それにしても空飛ぶ魚に背中を預けながら祈る聖アントニウス、あなたはいったいどこに行くのですか。

それから宙に浮かぶアントニウスがいるあたりから真下に目を下ろしていくと、四つん這いになってお尻を丸出しにしている人がいます。聖アントニウスが受ける誘惑、肉欲の象徴なのかもしれませんが、この人の服は地面と一体化しているようにも見えます。これもいったい何なのか。

真ん中のパネルも右上には鳥らしき生き物がほとんど骨だけに見える状態で飛んでおり、謎めいています。こうやってひとつひとつ見ていくと、実に楽しい。

ここの美術館ではこれが一番です。リスボン最大の見どころだと思います。

ファド　重厚さが忘れられない民族音楽

リスボンに旅をしようと思った理由は「聖アントニウス」の他にもうひとつあります。それがファドです。

ファドは運命、宿命を意味するポルトガルの民族歌謡で、19世紀頃には現在の形式が確立されたと言われています。リスボンと中北部の中心都市コインブラでは、それぞれ独特のファドが育まれてきました。

ファドはリスボンではカサ・デ・ファド（ファドハウス）と呼ばれるライブハウスで、夜21時頃から歌手とギターラ奏者、ヴィオラ奏者などが演奏するのを聴きながらお酒や食事を楽しむことができます。ファドハウスで成功を収めた歌手は劇場から声がかかり、人気によっては小劇場から大舞台に立つようになっていくわけです。

中でもリスボン出身のアマリア・ロドリゲス（1920年~1999年）は国民的歌手で、代表曲「Gaivota」「Estranha Forma de Vida」などとともに国内外で知られています。アマリアは70代に入ってもリスボンの有名なコンサートホールであるコリセウ・ドス・レクレイオスなどで活発に公演を続けていて、僕もチケットを取って観に行きました。

アマリアは現代ポルトガルを代表する文化的英雄のひとりとして、今ではナショナル・

パンテオンというポルトガルでもっとも重要な人物たちが眠る場所に埋葬されています。リスボンで有名なカサ・デ・ファドの名店アデガ・マシャードに、アマリアも出演していました。

フランスのシャンソンが明るいのと対照的に、ポルトガルのファドは暗いのです。中でもアマリアの低音は暗い。しかしその染みわたる低音部は、生で聴いたら忘れられません。

タホ川　世界各国の川を見た中でとりわけ心に残った大河

リスボンのジェロニモス修道院やベレンの塔、それから中世スペインで栄えた町トレドなど、多くの歴史的な都市や名所に沿って流れる川がタホ川です。僕は川好きでもありますが、中でも見てよかったと思える川のひとつです。

タホ川はイベリア半島最長の川で、スペインとポルトガルを流れています。全長約1007キロメートル、流域面積約8万5000平方キロメートルの大河です。他の有名な川と比べてみると、ロンドンを流れるテムズ川は全長約346キロメートル、流域面積約1万2935平方キロメートル、パリを流れるセーヌ川は全長約777キロメートル、流域面積約7万8650平方キロメートルです。こうして見るとタホ川はずいぶん大きいですね。

タホ川は古代からイベリア半島の交通路として機能し、ローマ帝政時代（紀元前27年～西暦476年）には、川沿いに多くの都市が建設されました。中世にはキリスト教国とイスラーム教国の境界線としても機能し、また、レコンキスタ（711年～1492年のイベリア半島のキリスト教徒による再征服運動）の舞台ともなりました。ですからタホ川沿いの都市ではキリスト教とユダヤ教、イスラームの文化が交錯する建築や芸術が見られます。たとえばトレドのサンタ・マリア・ラ・ブランカ教会は、もとはシナゴーグ（ユダヤ教の会堂）だった建物がキリスト教会に転用されたものです。

リスボンでの夕暮れ時のタホ川クルーズでは町並みと夕日、かつてはヨーロッパ最長の橋だったヴァスコ・ダ・ガマ橋（1998年完成）の眺めが楽しめます。

雄大な大河の川辺で、揺れる水面を眺めながら風に吹かれる。それだけで何物にも代えがたい気持ちよさを味わうことができます。

ジェロニモス修道院　東方交易の富がつぎ込まれたポルトガル建築の最高峰

リスボンでは、ジェロニモス修道院もすばらしい。

この修道院はヴァスコ・ダ・ガマのインド航路発見を記念し、ポルトガル王マヌエル1

世が命じて1501年に建設が始まり、約100年かけて完成しました。聖ジェロニモスはマヌエル1世の守護聖人です。東方交易でもたらされた富が存分につぎ込まれたこの修道院は、ポルトガル建築の最高峰と言われています。

マヌエル様式と呼ばれるポルトガル独特のゴシック様式とルネサンス様式を融合させた建築様式で、海洋や植物のモチーフが多用されています。広大な敷地を誇り、ヴァスコ・ダ・ガマのお墓もあります。教会に入って左側に置かれているのがインド航路を発見したガマの棺、右側にはポルトガル最大の詩人であるルイス・デ・カモンイスの棺があります。新航路を切り開いた時代のポルトガルの栄華が、ここに眠っているのです。

僕はジェロニモス修道院を2時間かけて見た後に、ロカ岬に向かいました。

ロカ岬　ユーラシア大陸最西端の地の果て

カボ・ダ・ロカは、ポルトガル本土最西端に位置する岬です。ユーラシア大陸最西端で

ジェロニモス修道院

もあり、「地の果て」と呼ばれていました。リスボンからは西に約40キロメートル、バスで約1時間半の場所にあります。

断崖絶壁の上の、年中すさまじい風が吹きつける場所に、灯台が建っています。この場所は古代ローマ時代から知られていましたが、大航海時代には船乗りたちにとって大事な航路標識となっていました。

「ここに陸地は終わり、海が始まる」

このルイス・デ・カモンイスの詩句が刻まれた石碑を見たくて、ロカ岬を訪れました。出典はポルトガルの黄金時代に活躍した詩人ルイスの叙事詩『ウズ・ルジアダス』(Os Lusíadas) からです（邦訳は『ウズ・ルジアダス　ルーススの民のうた』白水社)。

ルイスは波瀾万丈の生涯を送った詩人でした。リスボンの王家に連なる家系の出身で、セウタ（現在のモロッコ領）で軍務の途中に右目を失明して1550年に故郷に戻るも、1553年にはインドのゴアに向かい、マカオで行政官を務めました。その後、ポルトガルへの帰路で船が難破し、マラッカ海峡を命からがら泳いで脱出したとされています。いくつもの海を渡ったルイスは、1572年にリスボンにて大作の叙事詩『Os Lusíadas』を出版します。

神から特別に愛されたポルトガル人たちと、ムスリムやアフリカ、インドの異教徒、ポルトガルの東に位置するカスティーリャ王国（のちのスペイン）などとの相次ぐ戦いの歴史、ヴァスコ・ダ・ガマをはじめとするポルトガルの英雄たちの世界各地への冒険、そして人間の運命について書いたこの作品によって、ルイスはセルバンテス、スペンサー、シェイクスピアと並ぶルネサンス四大詩人のひとりに数えられるようになりました。なお、アマリア・ロドリゲスはカモンイスの詩を歌にしてレコードを出したことで「ポルトガル文学最高の詩人の作品を大衆歌謡であるファドにしていいのか」と大論争になったことがあります。

ロカ岬の観光案内所では「最西端の到着証明書」をもらいました。味のある紙に、古式ゆかしい文字で名前と日付を書き込み、スタンプを押してくれます。

風が吹きすさぶ地の果てから深夜に飛行機でロンドンに舞い戻り、翌朝には再び都市の喧噪《けんそう》の中に向かいました。

最西端の到着証明書を見るたび、ポルトガルの風光明媚な景観と時間が脳裏に流れ、世界を股にかけて航海をしたガマやルイスのことが浮かんできます。

5 チェコ

プラハ城　意外と小さかった「窓外放出事件」の窓

チェコ共和国の首都プラハには、家族旅行で行きました。最初のお目当てはプラハ城、世界最大級の古城のひとつです。プラハの中心部、ヴルタヴァ川（モルダウ川）の左岸にあるプラハの象徴的存在であり、かつてのボヘミア公国の富を感じさせる、ぜいたくなお城です。

プラハ城はたびたびチェコ史上の大事件の舞台となっており、その魅力はチェコの歴史と切り離せません。簡単におさらいしましょう。

9世紀末から豪族のプシェミスル家がチェコの西半分であるボヘミア全体を徐々に統一し、13世紀から王を名乗るようになります。この時期にカレル橋の建造など都市の整備が進み、1348年には中欧初の大学カレル大学が設立されました。1355年にはボヘミア王カレル1世が神聖ローマ帝国の皇帝に選出され、神聖ローマ帝国の首都はプラハに移されました。この頃がプラハの黄金時代と言われています。

しかし、15世紀にはヤン・フスによる教会改革運動の果てにフス戦争が起こってプラハ城などが戦争の被害を受けます。1526年にはハプスブルク家がボヘミア王位を継承し、三十年戦争（後述します）のあとボヘミア王国は独立を失い、チェコ語の使用が禁止されるなど、約200年間の暗黒時代に入ります。

18世紀後半には民族独立運動が盛んになり、産業革命もあいまって町は活気を取り戻していきます。第一次大戦終了間際の1918年にはハプスブルク帝国崩壊にともない、チェコ人が東隣のハンガリー領に住むスロヴァキア人とともにチェコスロヴァキア共和国を作って独立し、ソ連崩壊後の1992年末にチェコとスロヴァキアに分かれました。

870年頃に建設が始まったプラハ城は、ボヘミア時代から現在に至るまでの長い歴史の中で、チェコの政治

プラハ城とカレル橋

の中心地であり続けました。現在はチェコ共和国大統領公邸としても使用されています。

大聖堂はたいてい町の中心部にありますが、プラハではお城の中にあります。それが聖ヴィート大聖堂です。現在の建物は14世紀に建設が始まり、完成はなんと約600年後の1929年です。ゴシック様式とネオゴシック様式が融合した壮大な建築で、チェコの守護聖人である聖ヴァーツラフ（907年頃〜929年）の聖遺物が安置されています。この大聖堂のステンドグラスが、非常に美しい。もっとも古いステンドグラスは14世紀に制作された北側祭室（聖ヴァーツラフ礼拝堂）のもので、大聖堂東側の主祭室には、アルフォンス・ミュシャの「最後の審判」を含む近代的なステンドグラスもあります。平面的な表現とあざやかな色彩が特徴の中世ゴシック様式と、近代のアール・ヌーヴォーやアール・デコ様式を見比べるのも楽しいですね。

僕がまず行ってみたかったのはプラハ城の旧王宮です。城内でもっとも古い建物のひとつで、12世紀から16世紀にかけて増築がくりかえされました。

旧王宮内にある「ボヘミア王国の評議会室」で起きた世界史上の有名事件が、1618年の「第二次プラハ窓外放出事件」です。その部屋は今も保存されており、お城の一般公開ルートに含まれています。大広間を通った先の部屋には当時の状況を説明する展示パネルが設置され、窓の位置も確認できます。

当時、神聖ローマ帝国内のプロテスタントとローマ教会の対立が激しくなっていました。プロテスタントの信仰の自由を保障した1609年の勅書《ちょくしょ》に反し、神聖ローマ皇帝マティアスはプロテスタント教会の建設を禁止します。すると、これに反発したボヘミアのプロテスタントの貴族たちが武装して集まり、神聖ローマ帝国（ハプスブルク）の総督代理を務めていた役人や書記官をプラハ城内で問い詰め、そして窓から投げ落としたのです。

この事件のあと、ボヘミアのプロテスタント勢力は独自の臨時政府を樹立し、のちのフリードリヒ5世を新しい国王として迎え、ハプスブルク家が軍事介入を行うと、そこにイングランドやネーデルラント、デンマークが宗教的な、あるいは政治的な動機から介入したことで果てしなく長くつづく争いとなり、三十年戦争と呼ばれることになります（1618年〜1648年）。

つまり、近代ヨーロッパを代表する三十年戦争の発端となった事件の舞台が、プラハ城にはそのまま残っているのです。僕はこの窓を見るためにプラハを訪れました。

意外なことに、窓は思ったよりも小さかった。「えっ、ここから人を投げるのも大変やな」と思いました。城外に向けて身体を思い切り放り投げたら窓が割れてそのまま下に落ちるといった感じではなく、けっこうがんばって窓から押し出さないと落とせないような大きさでした。これはあくまで想像ですけれども、落とされた側からしたら、きっと窓に引っかかりながらも必死で抵抗したでしょうから、実際に落ちるまで時間もかかり、恐怖を長く感じたのではないでしょうか。窓から城下も覗いてみましたが、当時の窓の高さは地上17メートルくらいあったそうです。現代のビルの5階くらいですからけっこうな高さです。でも投げ出された人は、なんと3人とも生き残っています。どうも城壁の下にごみや書類、堆肥が山のように積もっていて衝撃をやわらげたようですが、実際に見てみると「よく死なんかったな」と思う高さでした。

カレル橋と天文時計　中世から残るプラハの町並み

次はプラハの市街地へと向かいました。有名なのがカレル橋です。

この橋はヴルタヴァ川の東西を結ぶ橋として1357年から建設が始まり、1841年までは両岸をむすぶ唯一の橋でした。カレル橋は、プラハが「黄金の都」と称賛される政治、経済、文化の全盛期を迎えた時代のボヘミア王にして神聖ローマ皇帝でもあったカレル1世の名前に由来します。この橋は三十年戦争ではスウェーデン軍の侵攻を鉄格子の門を築いて防ぐなど、歴史の舞台ともなってきました。

この橋の上から見た町並みや川の景色がプラハ旅行のハイライトと言っていいほどの、すばらしい景観でした。

30の聖人像が建ち並ぶ橋の全長は516メートルで、全部で16のアーチで支えられています。14世紀の建設当時としてはきわめて高度な技術を要する構造で、その工学的特徴によって600年以上にわたって幾度もの洪水や戦災を乗り越えることができました。

カレル橋は人々でにぎわい、芸術家や音楽家、大道芸人、露天商なども集まっています。橋の上からは巨大なプラハ城も目に入ります。城が闇の中からあらわれる日の出、あるいは逆に夕暮れに包まれた日没時の川模様が多くの人々を魅了してきたといいますが、僕も本当に心を奪われました。


橋の近くにある、やはり著名な場所がプラハの天文時計です。

旧市街広場にある旧市庁舎の南壁に1410年に設置された中世の作品で、世界最古級の現存する天文時計のひとつとされています。主に4つの部分から構成されており、上部の天文盤、その下の暦盤、そして時報時に動く使徒像、最下部の彫刻群からなります。天文盤は地動説以前の天動説に基づいて設計されており、地球を中心に太陽と月が回る様子を表現しています。また、黄道12星座も表示されています。

　暦盤には1年の各月を表す絵が描かれており、農作業の様子など中世の生活を垣間見ることができ、太陰暦盤は月の満ち欠けを表現しています。

　時報のタイミングになると死神を表す骸骨《がいこつ》像が鐘を鳴らし、12使徒の像が窓から顔をのぞかせるしかけになっています。この動きが驚嘆すべきもので、天文時計の前には毎時、大勢の人が集まります。時計がいくつも重なり合って動くのですが、非常に精密で、芸術的です。

　今でも時計を見上げるときに、ふとプラハの天文時計を思い出します。

天文時計

ストラホフ修道院　図書館の名建築を楽しむ

次に向かったのは、プラハ城の西側の丘近くにある、900年以上の歴史を持つストラホフ修道院です。先ほど紹介したカレル橋、天文時計と、このストラホフ修道院がプラハの三大名所です。

修道院は1143年、ボヘミア公ヴラディスラフ2世の支援を受けて創設されました。当時のボヘミア王国は、神聖ローマ帝国の影響下にありながらも、独自の文化を発展させていた時期でした。修道院の中でも、図書館がバロック建築の傑作として特に高く評価されています。

この図書館は、「神学の間」と「哲学の間」の2つの主要な部屋からなります。神学の間は1670年代初めに完成したもので、天井にはフレスコ画が描かれており、哲学の間は1780〜1790年代に増築され、壮麗なロココ様式の内装で知られています。9世紀から16世紀にかけての貴重な写本

ストラホフ修道院の図書館

を含む約20万冊が所蔵されています。

この図書館は、旅行者が訪れる価値のあるもののひとつです。僕は旅先の書店や図書館を見るのも好きですが、中でもオックスフォード大学図書館、ダブリン図書館（トリニティカレッジ）、ストラホフ図書館は三本の指に入ります。

オックスフォード大学のボドリアン図書館（1602年開館）は英国第二の規模を誇り、扇形の天井や木製の書架と天井装飾、円形ドームが象徴的な建築となっています。ダブリンのトリニティ・カレッジ図書館（1732年開館）は18世紀の書架が並ぶ「ロング・ルーム」と呼ばれる樽《たる》型の大天井が見どころです。ご興味のある人は、ぜひ見比べてください。

チェスキー・クルムロフ城　素朴なチェコ郊外に古城を訪ねる

プラハを堪能したあと、100キロメートルほど郊外にあるチェスキー・クルムロフ城に向かいました。南ボヘミア地方にある中世の城塞と宮殿です。

1240年頃、ヴルタヴァ川の蛇行《だこう》する曲がり角に建設されたこの城は、16世紀後半に大規模改築を受けてルネサンス様式の宮殿へと変貌し、塔や中庭、そして美しいフレスコ画で装飾された内部が整えられました。プラハ城に次いでチェコで2番目に大きな城郭建築群で、城内には40以上の建物と5つの中庭があります。

高さ54・5メートルもある塔をのぼると町を一望できる展望台があるほか、18世紀の建設当時のままの姿を残す貴重なバロック劇場、城内の回廊にある16世紀のフレスコ画、城の周辺に広がる幾何学的なデザインと噴水、彫像などで装飾された優雅な庭園に目を奪われます。お城の庭園にはマリア・テレジアが戴《たい》冠《かん》式で使った馬車も展示されています。

町並みも含めてきれいなお城で、プラハ市内とはまた違った雰囲気が味わえます。プラハの規模を10だとするとこちらは1くらいの町で、素朴です。

これで4泊5日のプラハ旅行を終えました。当初は1日か2日は違う国へ行くつもりでしたが、延泊するほどチェコが気に入りました。僕は当初の予定よりも延泊することもしばしばで、ホテルの予約を全日入れずに行けば臨機応変にそういうこともできます。それも旅の楽しみです。

チェスキー・クルムロフ城

宿はカレル橋近くの石造りの最高級ホテルをとりました——名前はオーガスティンだったでしょうか。たまたま僕は3泊分の優待券を持っていて、3泊が約6万円で泊まれたのです。スタッフの対応が快適で、「いいホテルや」と思ったので延泊し、4泊5日の家族旅行を楽しみました。

ところがチェックアウト時に精算をすると、値段を見て目玉が飛び出ました。日本円換算で15万円を超えていたからです。「あっ、そうやった！」と思ったときには、後の祭りでした。優待券なしの定価だと、1泊9万円の宿だったのです。

それでも後悔はありません。良い宿、良い旅でした。

ウ・フレクー　プラハ500年の伝統の味

まだソ連があった1987年頃にも、僕はひとりでプラハ旅行をしました。そのとき記憶に残ったお店を、先述した家族旅行でプラハに行った際に再訪しました。

そのお店はウ・フレクー。歴史ある醸造所兼レ

ウ・フレクーの外観

ストランです。プラハは15世紀末にはすでにビール醸造の中心地として知られていましたが、このお店は1499年に創業し、500年以上営業を続けています。有名なお店で、観光客でも一発でわかる外観をしています。総座席数は約1200席とプラハ最大級のビアホールのひとつで、夏には中庭の屋外席もあります。

ウ・フレクーの代名詞は、自ら醸造している濃い黒色の焦がしたラガービールです。この「フレク13°」はほかのチェコのビールとは異なり、苦みが強く、コーヒーやチョコレートを思わせる複雑な風味が特徴です。

1987年にこのお店を訪れたときには、味は間違いなくおいしかったけれども、フォークとスプーンがアルミだったのが印象的でした。僕は昭和23年生まれですが、日本では一度もアルミのフォークやスプーンを使ったことがありません。アルミの食器を使ったのは、当時のプラハ旅行が初めてでした。必ずしも「貧しいからアルミ」というわけではないのでしょうが、「プラハでは名店と言われているお店でもアルミの食器なのか」と記憶に残っていました。

民主化以降はどうなったのかと思いながら、家族旅行の際に再訪しました。この店では、席に着くと頼まなくても黒ビールが運ばれてきます。断ってもいいのですが、たいていのお客さんはそのままいただきます。そのスタイルは変わらず、黒ビールも記憶のままの味でした。グラーシュ（チェコのビーフシチュー）を注文しました。うん、料理もいい。けれども「ほどほどやな」と感じました。昔のほうがおいしく感じたのです。食器はアルミではなくなっていましたが、器に載る料理の質も変わってしまったかな、という考えが頭をよぎりました。

でも、おそらくはそうではないのです。ウ・フレクーの料理のレベルは本当に長いあいだ、一定を保ち続けているのだと思います。ところがプラハにある、よその高級店のレベルがソ連崩壊後にぐんぐん上がっていったのです。ウ・フレクーが変わらない味を守っているうちに、ほかの店に追い抜かれてしまったように感じたのかもしれません。

それでも、プラハの伝統の味を知りたければ、ウ・フレクーはいつでも、いつまでも訪れるべきお店と言えるでしょう。

プラハ行きの列車　アムステルダムの俳優との再会

１９８７年のプラハ旅行では、忘れられない出来事がありました。

僕がプラハに向かう列車の中で居眠りしていたときのことです。

正確に言うと「居眠り」どころか、眠気に耐えきれず、ほかにお客さんがいなかったのをいいことに、ボックス席を占領して横になっていました。ウトウトしていたら「ここ空いてる？」という男性の声が聞こえたので、あわてて「どうぞ」と答えました。そうしたら彼は僕が靴を脱いでいたのを見て「おや？」と思ったのでしょう。「なぜ靴を脱いでいるの？」と聞かれました。ヨーロッパの人は、基本的に外で靴を脱ぎません。僕は「日本人は家に入るときに靴を脱ぐ。だからリラックスしたければ列車の中でも靴を脱ぐことがある」と彼に話しました。すると彼はさらにこう聞いてきました。

「なぜ左右で別々の靴下をはいているの？　それも日本の習慣？」

何のことかと思いながら自分の足下を見ると、うっかり違う色の靴下を片方ずつはいていたのです。「ああ、恥ずかしい。これは僕のミステイクだ」と言うとお互い大笑いして打ち解け、すっかり仲良くなりました。

彼は俳優で「このあとアムステルダムで『ハムレット』をやるから、おまえも来いよ」と誘われました。でも僕はもう列車を降りるところでしたから、「行けたら行くよ」と言って連絡先を交換して別れました。

ふつう、旅先でこういう出会いをしても、そのあと関係が続くことはあまりありません。

ところがそれからしばらくしたあと、彼から手紙が届きました。「ああ、あのときの俳優か。律儀《りちぎ》な人だな」と思い出して、今度は僕がアムステルダムに旅行したとき、手紙に書いてあった住所をもとに、彼の家を訪ねて行きました。無事に再会を果たし、「プラハに向かう列車で、靴を脱いでいたやつだよ」と挨拶をすると、最初に会ったときと同じような大笑いが起きました。

日本人とネーデルラント人がチェコに向かう列車で知り合うこと自体が稀有《けう》だと思いますが、たまたま僕が靴を脱いでいて、左右で違う靴下をはいていなかったら、彼と仲良くなることもなかったでしょう。彼が手紙をくれなければ、そのあとアムステルダムでふたたび会うこともなかった。

「いい出会いだったな」と今もときどき思い出します。

みなさんも旅先での出会いを、どうか大切にしてください。

6 オーストリア

33歳の頃、僕と妻と娘の3人でウィーン旅行に行きました。

ドナウ川の畔《ほとり》にあるウィーンはオーストリアの首都で、同国最大の都市です。

ウィーンはローマ帝国時代には軍事拠点でしたが、中世以降、バーベンベルク家（976年〜1246年）のもとでヨーロッパ有数の都市に発展し、1282年からハプスブルク家の統治下となります。18世紀から19世紀にかけてはハプスブルク帝国の首都として栄え、ハイドン、モーツァルト、ベートーヴェンなどが活躍した音楽や芸術の中心地となりました。

シェーンブルン宮殿とグロリエッテ（展望台）　家族旅行の楽しみ

僕はまずウィーン西部にあるシェーンブルン宮殿に向かいました。広大な庭園の丘の上に建つグロリエッテ（「小さな栄光」という意味の展望台）から宮殿に向かって歩いていきました。

グロリエッテはアーチと列柱で構成された長大な展望台建築です。シェーンブルン宮殿の中心から1キロメートルほど南西にあり、ローマの凱旋門を思わせる中央の壮大なアーチ部分があります。

19世紀のオーストリア＝ハンガリー二重帝国の基礎を築き、その後継国家オーストリアの基盤を形作ったマリア・テレジア（在位1740年〜1780年）の時代に計画され、その息子ヨーゼフ2世（共同統治1765年〜1780年、単独統治1780年〜1790年）の治世下でグロリエッテは完成します。オーストリア・ハプスブルク家の栄光を象徴する記念碑であり、屋上にはハプスブルク家の双頭の鷲《わし》の紋章が掲げられています。オスマン帝国との戦争で破壊されたシュロスホーフ城の石材が再利用されており、オスマン帝国への勝利という意味合いも込められています。

シェーンブルン宮殿

グロリエッテからは、シェーンブルン宮殿前の幾何学的なパターンで整備された庭園やネプチューンの泉などの噴水、迷路などを眺めることができます。世界三大温室に数えられる「ガラスの宮殿」こと大温室もあります。

家族3人で、この庭園をのんびりと散歩しました。美しい芝生が一面に広がっていて、グロリエッテからシェーンブルン宮殿までは歩いて30分はかかります。当時小学校4年生だった娘は、そのだだっぴろい芝生がよほど気持ちよかったのか、小躍りして喜んでいました。娘がごろんと横になり、僕も真似して寝転がりました。空が広くて、娘が笑っている――それが、ウィーンのどんな名建築よりも美しい記憶として残っています。

僕は子どもと旅行に行くといっても、特別子ども向けに行き先やアクティビティをアレンジせず、普段通りに旅行しています。それでもやはり子どもと行くと、ひとり旅や大人と一緒の旅行とはまた違う良さがあります。

宮殿では外で2時間、中で2時間の合計4時間を過ごしました。

ハプスブルク家の夏の離宮シェーンブルン宮殿は、音楽一家に生まれた幼き日のモーツァルトがここでピアノを弾き、やはり幼かったマリー・アントワネットと出会っていたという逸話でも知られています。シェーンブルン宮殿は17世紀後半、神聖ローマ皇帝レオポルト1世がフランスのヴェルサイユ宮殿に対抗して建築を着工させ、その後マリア・テレジアの時代に大規模な改修が行われて現在の姿に近づきました。外壁は黄色がかっていますが、これはテレジアが好んだ色で「テレジアン・イエロー」と呼ばれています。

宮殿の部屋数は1441もあり、そのうちわずか40室が一般公開されているのですが、それでも駆け足で見ても2時間はかかりました。

内部は豪華絢爛で、天井画や鏡、シャンデリアなどの装飾が施された「大ギャラリー」、インド風とペルシャ風の装飾が施された木製パネルで覆《おお》われている「百万の間」などが有名です。ひとつひとつは覚えていませんが、特にヨーゼフ1世（在位1848年〜1916年）が使っていた「皇帝の間」がよかったですね。

聖シュテファン大聖堂　間近で見ないと分からない建物のディテール

次に聖シュテファン大聖堂へと向かいました。ウィーン中心部、シュテファン広場にある中世のゴシック建築です。聖シュテファンはキリスト教最初の殉教者です。

建設は12世紀に始まり、現在の建物の大部分はルドルフ4世（在位1358年〜1365年）の時代に建設されました。南塔は1433年に完成し、高さ約136メートル。北塔は未完成のまま残され、高さ約68メートル。

大聖堂の屋根は約23万枚の釉薬《ゆうやく》タイルで覆われ、ハプスブルク家の紋章である双頭の鷲の文様が描かれています。このカラフルな屋根は、1529年のオスマン帝国スレイマン大帝による第一次ウィーン包囲の際、オスマン軍の砲撃に耐えました。1945年には第二次世界大戦末期の空襲で大きな被害を受けて焼失しましたが、1950年に市民の努力によって戦後に修復されています。

大きな屋根の模様は壮麗でした。建物の下から見上げると「こんなものは見たことがない」と感動したほどです。ところが大聖堂に入り、塔をのぼって上から近くで屋根を見たら「あれ、たいしたことないな」と二度びっくりしました。タイルは意外と汚れ、破損していたのです。いやはや、間近で見ないとわからないものです。

地下のカタコンベ（墓地）には、ハプスブルク家の王や王妃、公爵など一族の内臓が埋葬されています。これは、心臓はアウグスティーナー教会に、遺体はカプツィーナー教会

聖シュテファン大聖堂

の帝室墓所に埋葬されるという「三分葬」の方式によるものです。

「戦は他国にさせておけ、幸いなるオーストリアよ、汝《なんじ》は結婚せよ」という言葉のもと、ハプスブルク一族は結婚政策によってヨーロッパの諸王家の中で勢力を拡張していったと語られてきたわけですが、ここに来ると「それにしてもあまりにも多すぎんか」と思うくらいハプスブルク家関係者のお墓がたくさんあります。なんと1万1000人以上の遺体がこの地下墓所にあるのです。

意外に思うかもしれませんが、ここにナポレオン2世（1811年~1832年）も眠っています。ナポレオン関係の史跡は当然ながらパリに多く、ナポレオン1世はパリに墓がありますが、ですがナポレオン2世はウィーンにて埋葬されています。

というのも、ナポレオン2世の母マリー・ルイーズはオーストリア大公女であり、祖父はフランツ2世（神聖ローマ皇帝）なのです。1814年、父ナポレオン1世の退位後に幼いナポレオン2世は母とともにウィーンに移り住み、その後の生涯のほとんどをここで過ごします。彼はオーストリア宮廷では厳格なハプスブルク家の教育システムと宮廷文化、オーストリア式の軍事教育を受けて育ちました。ナポレオン2世はフランス語の使用を制限され、ドイツ語の使用を求められたほか、フランスへの帰国やボナパルト派との接触は徹底的に遠ざけられました。

その人生は短く、わずか21歳で結核によって亡くなります。ナポレオン2世が最期を迎えた場所はシェーンブルン宮殿であり、その後、このハプスブルク家の墓所に埋葬されたのです。

ペスト記念柱　あまりに美しい町中の記念碑

城壁、市壁で囲われている町や、かつて囲われていた町がヨーロッパには少なくありません。ウィーンもそうでした。ハプスブルク家の支配下以前、バーベンベルク家の時代から町をぐるりと囲む城壁が築かれていました。

1529年のスレイマン大帝による第一次ウィーン包囲のときには、迫るオスマン軍に対してウィーン市防衛軍は城壁の中から大砲を撃ちまくり、1ヶ月分しかなかった食糧が尽きゆく中、何とか籠城《ろうじょう》戦を耐えました。幸運にも10月に季節はずれの凍《い》てつく冷気が訪れ、早すぎる雪が降りはじめると、オスマン軍は食糧・弾薬不足を理由のひとつとして撤退を決めたのです。

そして17世紀後半、ヨーロッパを巻き込んだ大規模な三十年戦争が終わって疲弊していたハプスブルク家に対して、新たな脅威《きょうい》としてやってきたのが1683年のオスマン帝国による第二次ウィーン包囲でした。

このときも第一次ウィーン包囲後に改修が続けられていた城壁が役立ちました。ウィーンはオスマン帝国の15万人とも20万人とも言われる大軍をたった1万6000人の軍勢で粘りぬき、援軍として到着したポーランド王国軍がオスマン軍を背後から討って撃退します。結果としてこの第二次ウィーン包囲がオスマン帝国による最後の大規模なヨーロッパ侵攻作戦となりました。

その後、1857年にハプスブルク帝国の皇帝フランツ・ヨーゼフ1世が勅令を発して市壁と堀の撤去を命じ、その跡地に1周約4キロメートル、幅55〜60メートルの壮麗な環状道路リングシュトラーセを建設し、壮大な建物がたくさん建てられました。リングの内側がウィーンの旧市街です。

僕ら家族は「ウィーン包囲の攻防はここで行われたのか」と思いながら壁の跡地の環状道路を歩いていま

ペスト記念柱

した。そうしてたまたま見つけた「ペスト記念柱」には、美術的に驚かされました。

正式名称は「最高にして神聖なる三位一体の柱」と言い、ウィーン1区のグラーベン通り中央にあります。グラーベンは中世には堀（Graben）で、その後埋め立てられて商業地となった通りです。

この記念柱は1679年のペスト禍からの解放を記念して、レオポルト1世の命により建設されました。バロック期を代表する芸術家たちが関わって製作され、高さは約21メートルに達します。

劇的な動きとゆたかな装飾が施された記念柱は大きく三段構成となっています。最下部には当時のペスト患者の様子を表す彫刻が配置され、中段には祈る皇帝レオポルト1世の像と天使像、最上部には雲に乗った三位一体の像が配されています。記念柱の各所には反ペストの祈禱文「神よ、我らを疫病、飢饉、戦争より救いたまえ」が刻まれています。これは、17世紀のウィーンが直面した3つの災い（ペスト、飢饉、オスマン帝国の脅威）を表現しています。

この記念柱は、中央ヨーロッパに多く見られるペスト記念柱の中でも非常に豪華なもののひとつで、ウィーンのバロック芸術を代表する作例でもあります。グラーベン通りを歩くと突如として視界に飛び込んでくる巨大な記念柱の存在感は圧倒的です。この記念柱は後のハプスブルク帝国各地のペスト記念柱のモデルとなり、同様の記念柱がプラハやブダペストなどでも建設されています。

日本にもさまざまな病気や戦争などで亡くなられた人を祀った慰霊碑がありますが、鎮魂を目的にしていますから、あまり美術的に華美なものはないですよね。ところがこれは造形的にすばらしいのです。

ホーフブルク宮殿　ハプスブルクの2つの帝冠を見比べる

ウィーンの中心に位置するホーフブルク宮殿にも足を運びました。

ホーフブルク宮殿は現在はオーストリア共和国大統領府になっていて、その広大な敷地の大部分が博物館として一般公開されています。この宮殿は13世紀から20世紀初頭まで600年以上にわたってハプスブルク家の歴代皇帝の居城でした。時代とともに増築・改築を重ねた結果、ロマネスクから新古典主義まで、さまざまな様式が混在しています。18の建物群と2600以上の部屋から構成される巨大複合施設で、中庭だけで19もあります。さすがハプスブルクの王宮といった趣で、あまりにも無数に宝物があり、見て回るのに3

時間はかかりました。

いろいろなものを見た中で特に印象的だったのは、王宮宝物館の2つの帝冠です。

ひとつはオーストリア帝国帝冠です。1602年にルドルフ2世のために作られた個人の王冠で、1804年にオーストリア帝国の公式の帝冠となりました。真珠や宝石で豪華に装飾され、中央には108カラットの大きなサファイアが配置されています。この帝冠は実際の戴冠式では使用されず、帝国の権威を象徴する宝物として機能しました。

もうひとつは神聖ローマ帝国帝冠です。962年頃に作られた八角形の帝冠で、金、真珠、エメラルド、サファイア、ルビーなどの宝石で装飾されています。重さは約3・5キログラムあり、純金製の本体に12個の大きな宝石と144個の真珠が配されています。八角形の形状には、天上のエルサレムを象徴する意味が込められ、キリスト教的な要素が強く表れています。ハ

神聖ローマ帝国の帝冠

オーストリア帝国の帝冠

プスブルク家が神聖ローマ帝国の皇帝位を継続的に保持しはじめたのは1438年のアルブレヒト2世からですが、その頃からハプスブルク家が実質的に保有し、最後の神聖ローマ皇帝フランツ2世（在位1792年～1806年、後のオーストリア皇帝フランツ1世として在位1804年～1835年）まで、代々の皇帝の戴冠式で使用されました。

後者のほうが古く、現存する中世の王冠としては非常に古いもののひとつとされています。オーストリア帝国帝冠と比べても格、迫力が違います。古いほうがすごいというのも、オーストリア帝国の末路を考えると象徴的です。

ウィーン美術史美術館　美術品との出会いは一期一会

ウィーン美術史美術館は僕が好きな美術館のひとつで、この家族旅行のときにも足を向けました。

ウィーン中心部のマリア・テレジア広場にあり、ハプスブルク家が長年にわたって収集してきた古代エジプト・オリエント

ピーテル・ブリューゲル「バベルの塔」

時代からの芸術品を収蔵・展示しています。15世紀から17世紀までの絵画が充実しており、ベラスケスが「ラス・メニーナス」でも描いた王女マルゲリータ・テレサの単独の肖像画が3枚あり、ほかにもフェルメールの「画家のアトリエ」、ルーベンスの「毛皮をまとったエレーヌ・フールマン」などがあります。中でもネーデルラントの画家ピーテル・ブリューゲルの「バベルの塔」と「雪中の狩人」はウィーンで見られる絵画で一番だと思います。板絵のブリューゲル作品は門外不出とされており、ここに行かなければ現物を見ることはできません。

それから純金で作られた金細工の「サリエラ」も好きです。

これは1540年から1543年頃にかけてベンヴェヌート・チェッリーニによって制作された純金製の塩入れです。海神ネプトゥヌスと大地の女神テッルスが向かい合って座して塩と胡椒を入れる容器を支えているもので、16世紀マニエリスムを代表する芸術家チェッリーニの確実な作品としては唯一の金細工として知られています。高さ26センチメートル、底辺

ピーテル・ブリューゲル「雪中の狩人」

の長さ33・5センチメートルとそんなに大きくはありませんが、マニエリスム様式の代表作と言われるほどに技巧的、かつ優美です。フランス王フランソワ1世の注文で制作されましたが、後にハプスブルク家の神聖ローマ皇帝フェルディナント2世（在位1619年〜1637年）のコレクションとなりました。塩入れだというのが信じられない、豪奢で洒落《しゃれ》た逸品です。

僕らが行ったのは2002年か2003年でしたが、なんと2003年5月に盗まれています。幸い2006年1月に発見・回収されましたが、少しタイミングが悪ければ見ることはできませんでした。有名な美術館、美術品であっても一期一会なのです。見たいものがあれば、見られるときに見ておきましょう。

ウィーンの名物料理　カツレツ・ザッハトルテ・コーヒー

ウィーン名物のウィーナー・シュニッツェルも家族でいただきました。パン粉を付けた薄切りのカツレツです。

ベンヴェヌート・チェッリーニ「サリエラ」

このときは1905年創業の老舗レストラン、フィグルミュラーに行きました。シュニッツェルを持った人形（マスコット）の顔が覗く看板が特徴的です。場所はウィーン旧市街、シュテファン大聖堂から徒歩約5分の場所にあります。

このお店のシュニッツェルは1枚が皿からはみ出るほどの大きさで（直径で約30センチメートルはあるでしょうか）、伝統的なウィーナー・シュニッツェルは仔牛肉ですが、このお店は豚肉を使っています。お店の外観も含め、楽しい食事でした。

ウィーンといえばチョコレートケーキのザッハトルテの発祥の店もあります。ホテル・ザッハーです。創業者フランツ・ザッハーが1832年に考案したレシピを基に、その息子エドゥアルト・ザッハーが完成させました。オペラ座の向かい、ケルントナー通りとフィルハーモニカー通りの角にあります。ウィーンで食すザッハトルテもまた格別でした。

ウィーンといえば、第一次ウィーン包囲の頃にオスマン朝からオーストリアにコーヒーが伝わったという話があります。ヨーロッパのカフェーはウィーン発だという説や、オスマンと交易していたヴェネツィア発だという説があります。どこが最初だったか、真相はわかりません。でもウィーンとヴェネツィアは「われわれの方が先だ」とカフェー発祥の地を争っています。いずれにせよオスマン由来だろうと僕などは思ってしまいます。ちなみに現地のコーヒーの味はどちらもすぐれています。この旅行のときはコーヒーを3度飲みましたが、いずれも絶品でした。

ザルツブルク　モーツァルトには小さすぎた町

そのあとウィーンからドイツにある町ウルムまで、国境をまたいで列車でゆっくり移動しました。その途中、ザルツブルクで1泊し、モーツァルトの史跡を訪ねました。

ヴォルフガング・アマデウス・モーツァルトが生まれ育った当時、18世紀後半のザルツブルクは神聖ローマ帝国内の独立した司教領邦で、人口は約1万6000人。支配者は大司教で、国王と同等かそれ以上の権力を持つ絶対的な存在でした。普通、お城は国王が暮らす場所ですが、ザルツブルクでは大司教のためにホーエンザルツブルク城が築かれています。

モーツァルトの父レオポルトは、この大司教に仕える宮廷楽団の副楽長を務めていました。当時約30名の楽団員を抱え、ヨーロッパでも指折りの演奏水準を誇っていた楽団です。

古来「小ローマ」（北のローマ）と呼ばれたこの都市の経済基盤は、アルプスの岩塩採掘による塩の交易でした。「ザルツブルク」という地名自体が「塩の城（砦）」を意味します。

南ドイツとイタリアを結ぶ重要な交易路上に位置して、商業都市として栄えていました。

しかし、若きモーツァルトにとってザルツブルクは次第に窮屈な場所となっていきます。特にこの地の統治者であった大司教との関係悪化が決定的となり、1781年にウィーンへの移住を決意します。

僕もこの町を歩きながら「モーツァルトにとっては息が詰まるような場所だったろうな」と感じました。小ぶりな町なのです。6歳でマリア・テレジアの前で演奏し、13歳で宮廷楽団へ入った天才モーツァルトであれば、きっとザルツブルクから早く出てヴェネツィアやウィーンのような都市、大きな舞台で生きたかっただろう、と。実際モーツァルトは25歳でウィーンに出ると「ここはピアノ大国だ!」と歓喜し、ピアニストの姉にも高い報酬が得られるだろうから引っ越すよう手紙を書き、二度とザルツブルクには戻りませんでした。

僕はそれからワインを飲みながら列車に乗り、ウルムに向かいました。

ウルム大聖堂　お酒の飲み過ぎには要注意

次に、ヴュルツブルクという町に寄って、市庁舎の地下にあるラーツケラーで昼食をとりました。14世紀に建設された歴史的なワインレストランです。

ラーツケラーとは市庁舎（Rats/Rathaus）の地下室（Keller）という意味で、中世以来ドイツに存在する公的なワイン貯蔵庫兼レストランです。厚い石壁が特徴的です。

ヴュルツブルクのラーツケラーは、フランケン地方のワイン文化を代表する施設のひとつです。内部は石造りのアーチ型天井を持つ地下空間で、ワインに合わせた郷土料理を提供しています。フランケンワインは扁平な形が特徴的なボトル「ボックスボイテル」で知られています。

そんなワインで有名な場所ですが、僕はビールを頼みました。これが絶妙においしく、おかわりを頼んで2杯ほどいただきました。個人的にはチェコのキンキンに冷えた黒ビールよりも、何杯でもいけるドイツの常温のビールのほうが好みです。

その後、南ドイツにあるウルムの大聖堂に着くと、教会建築としては世界でもっとも高い、161メートルもあるプロテスタントの教会尖塔を歩いてのぼりました。

神聖ローマ帝国の自由都市として栄えていたウルムでは、市民たちの寄付によってこの大聖堂が１３７７年に建てられはじめました。塔の完成は１８９０年です。こんなに時間がかかったのは、資金不足や宗教改革、三十年戦争（１６１８年～１６４８年）などの影響で幾度も建設中断を余儀なくされたためです。

塔には７６８段の階段があり、上まで登ると、アルプスの山々まで見渡すことができます。また、内部の見どころとしては、15世紀後半に制作された聖歌隊席の木彫装飾があります。ステンドグラスの多くは15世紀のオリジナルが残されており、特に東側の「大窓」は高さ20メートルに及ぶ壮大なものです。

……ところが、てっぺんに向かう途中で僕はグラグラと揺れを感じました。「地震かな」と思って妻に「揺れてるね」と言ったら「揺れてないよ?」と。娘もキョトンとしていました。「ああ、これはお酒をしこたま飲んだあとに急に運動して高いところまで来たせいで、だいぶ酔うているんやな」と気づきました。視界がぐるぐるし、足下がふらついてい

ウルム大聖堂

ました。しかしこの大聖堂は一方通行の一本道で、塔の頂上に行くまでは下に降りられないような設計になっています。エレベーターやエスカレーターはありません。「あかん、これは早く下に戻って休憩しないとまずい」と感じた僕は、よろめきながらも妻や娘よりも先に降りました。

ですから残念なことに、僕は大聖堂の中を実質5分くらいしか見学できていないのです！アルプスも、ステンドグラスもろくに見られませんでした。娘と妻は頂上からの眺めなどを20、30分しっかり見てから降りてきました。僕はその間、酔いが覚めるまでひとりで待っていました。このときばかりはお酒の飲み過ぎを反省しました。僕が旅行で後悔した数少ない経験のひとつです。

ローレライの灯台　実物にがっかり、子供はご機嫌

そのあとはライン川をゆったりとクルーズ船で2、3時間かけて移動し、ローレライに向かいました。ローレライは、ドイツのライン川中流域にある高さ約132メートルの岩山とその周辺の景勝地を指します。気持ちよく船に乗ることができました。

しかしそれは近代的な船だからの話で、ローレライ周辺は古くからライン川がいちばんせまく、流れが速いために多くの船が難破し、船乗りたちに危険な場所として知られていました。

ここに、有名なローレライの灯台があります。

ローレライには19世紀初頭にクレメンス・ブレンターノによって創作された伝説があり、ハインリヒ・ハイネが1824年に詩「ローレライ」を書いたことでこの伝説が広く知られるようになりました。美しい金髪の妖精ローレライは岩の上で歌を歌い、その美しい歌声で船乗りたちを魅了し、船を難破させる、という伝説です。これをもとに妖精をかたどった灯台があるのです。

ところが実際に見てみると「えっ、あれがそうなんか」と思いました。人に言われないと気づかないような小ささで、それほど美しくもない。がっかりです。でもふと隣に目をやると、娘は船に乗れただけで喜んではしゃいでいました。灯台が写る場所で家族写真を撮りましたが、僕と妻、娘の間での温度差が、あとから見ると面白かったですね。

ストラスブール大聖堂　3万の部品からなる教会の大時計

1泊してから国境を越えてフランスに入り、ストラスブールに着きました。ストラスブールはフランス北東部のアルザス地方に位置する交通の要衝で、人口は約28万人、フランスで7番目に大きい都市です。ライン川の支流であるイル川沿いに広がっています。

中世には神聖ローマ帝国の自由都市として栄え、1681年にルイ14世によってフランス王国に併合され、1871年から1918年まではドイツ帝国の一部となり、第一次世界大戦後に再びフランスに返還されました。そんな独仏の境にある場所で、争いに長年巻き込まれながらも双方の文化の影響を受けてきました。今では欧州評議会や欧州人権裁判所の本部や欧州議会の本会議場があることから、「ヨーロッパの首都」とも呼ばれます。

ストラスブールでは見たいものがありました。「赤いドーム」とも呼ばれる、赤色砂岩が特徴的なストラスブール大聖堂です。

ストラスブール大聖堂は12世紀から15世紀にかけて建設されたゴシック様式の傑作で、高さ142メートルの尖塔は、1874年まで世界一高い建造物でした。ゲーテが「荘厳な神の木」と形容したことでも知られています。

娘は大聖堂が好きで、見ると「のぼろう！」と必ず言います。階段は332段もありましたが、今度は酔っていませんから元気にてっぺんまで行きました。一気にのぼったあとも体力が有り余っている娘はあちこち走って見て回り、写真を撮りまくっていました。

この大聖堂の中には、からくり人形付きの巨大な天文時計があります。キリストとその使徒たちの人形があらわれるというしかけで、時計の前には「最後の審判」が描かれています。この時計がまたすごい。

現在の時計は大聖堂内の南翼廊に設置された3代目（1838年～1843年製作）で、時刻、暦、天体の運行を示す複雑な機構を持っています。高さは18メートル、時計本体は約3万の機械部品で構成されています。

毎日12時30分には「使徒たちの行進」が行われ、イエス・キリストの前を12使徒の像が通り過ぎる仕掛けになっています。各像が通過する際、人生の4つの段階を表す像（幼年、青年、壮年、老年）が鐘を鳴らします。

それからこの大聖堂には12世紀から14世紀に制作された巨大なステンドグラスがあります。たとえばソロモン王の系図を表現した1225年頃制作の南側バラ窓は中世ゴシック

ストラスブール大聖堂の時計

期の傑作と言われ、南翼廊の「皇帝のステンドグラス」は8人の神聖ローマ皇帝が描かれ、12世紀末から13世紀初頭のドイツ・ロマネスク様式の重要な作例となっています。

この時計とステンドグラスがすばらしく、1時間は見ていたでしょうか。娘はこちらも喜んでいました。

こうしてオーストリアを中心に、ドイツとフランスまでめぐった家族旅行を終えました。シェーンブルン宮殿の庭園に寝転がるなんて、厳しくしつけられていたであろうハプスブルク家の子どもたちにはできなかったかもしれません。娘と一緒でなければ、僕もやろうとすら思わなかったでしょう。これもまた、忘れがたい思い出です。

7——ポーランド

僕が戦後初の独立系生命保険会社・ライフネット生命の立ち上げの準備をしていた2006年の夏に、ポーランド旅行に家族で出かけました。

当時の僕は多忙を極め、ふだんは夏期休暇を2週間取るところ、1週間確保するのがせいいっぱいでした。妻と娘はヒマがあったため先にふたりで『ハリー・ポッター』シリーズの映画の舞台となっている連合王国の各地をめぐっていて、ワルシャワで家族と合流しました。

ワルシャワに着くと、真っ先に目に入るのが文化科学宮殿です。町の中心部にそびえたつ、高さ237メートルの社会主義リアリズム建築を代表する巨大建造物です。1952年から1955年にかけて、スターリン時代のソ連からポーランドへの「贈り物」として建設され、現在は博物館になっています。

ワルシャワの人たちは、写真を撮る際にはこの塔の前に人が重なるように、塔を背後に撮影します。そうするときれいな町並みが見えるからです。つまりワルシャワの景観にそぐわない異様なソ連建築など、地元の人は見たくない、でも200メートル以上ありますから、町のどこからでも目に入ってしまうので隠すのです。市民からすればソ連から受けた抑圧の象徴であり、市民に愛されていないランドマーク施設というわけです。

この旅のお目当てであるショパン生誕の地は、そんな文化科学宮殿からは離れた場所にあります。

ショパンゆかりの地　生家はけっこうな田舎だった

ワルシャワからフレデリック・ショパンの生家にタクシーで向かいました。ショパンはワルシャワから西に車で1時間ほどのジェラゾヴァ・ヴォラという小さな村で生まれています。当時はワルシャワ公国（1807年〜1815年）に属していました。ナポレオンの庇護下で短期間存在した国で、ポーランド独立への希望を象徴する存在でした。

ショパンの生家は農場管理人の家で、ショパンの父ニコラ・ショパンが家庭教師として雇われていた際に家族で住んでいた場所です。現在の建物は元の建物をもとに1920年代に再建され、その後博物館として一般公開されました。19世紀初頭のポーランドの田舎の邸宅様式そのままに、上流中産階級であったショパン家が使用していたであろう当時の家具や調度品が再現されています。ショパンが幼少期に使用したとされるピアノも大切に保管されています。周知のように、ショパンは7歳で最初の作品を発表した天才ピアニストでした。

ショパンには都会的な洗練された曲もある一方で、マズルカやポロネーズを聴けばわかるように、ポーランドの自然や農民が踊る民俗舞曲からもインスピレーションを受けたと言われています。生家の周囲には約7ヘクタールの広大な公園が広がり、春にはライラックやチューリップが咲き誇ります。はるばる生家を訪ねると「ああ、ショパンはけっこうな田舎で生まれ育ったんやな」と改めて実感します。

夕方にワルシャワに帰ってきたら、次は若きショパンが最後のワルシャワ時代（1827年〜1830年）を過ごした住居であるショパン・サロンを訪れました。現在はワルシャワ音楽大学の建物の一部となっています。

こちらも当時の部屋の様子を再現した展示や当時使われていたピアノフォルテのレプリカを見ることができます。

最後に市内の公園へ行きました。公園はワルシャワ中心部にあり、「音楽のベンチ」と呼ばれる黒い大理石のベンチは、押すとショパンの楽曲が流れるボタンが設置されています。

それぞれのベンチからは異なる楽曲が流れるようになっているほか、公園内にはショパンの銅像があり、稀代の作曲家が木陰に腰かけている姿が表現されています。

ショパン博物館　丸一日ショパンを聴く

ワルシャワ旅行2日目、最初にフレデリック・ショパン博物館を訪れ、ここでほとんどの時間を過ごしました。

ショパン博物館はワルシャワ中心部、オストログスキ宮殿内にあるのですが、ショパンは20歳でポーランドを離れ、その後ウィーン、シュトゥットガルト、パリへと移り住み、二度と祖国の地を踏むことはありませんでした。ポーランドがロシアに支配されてしまったので、彼は亡命生活を余儀なくされたのです。

ショパン博物館には彼の故郷への思いを伝える展示や、彼ゆかりの自筆譜、手紙、肖像画、使用していたピアノなどがあります。

地下1階には、ショパンが作曲を手がけた全曲が聴ける部屋があります。広い部屋に1テーブルにつき1つのジャンルが割り当てられた席が置かれ、そこで好きな曲を選んで聴くことができました。どうも今は形式が少し変わっているようですが、僕らが訪れた当時は箱入りのレコード全集がタイトル順にAからZまで納められていて、そこから好きなものをかけられるというしくみでした。これに僕も娘もハマって「めちゃくちゃいいねえ」と言いながら、ほとんど丸一日ショパンのピアノ曲を聴いて過ごしました。

マリエンブルク城　世界最大のゴシック城塞

ショパンめぐり以外にも、ポーランド旅行では行きたいところがありました。

マリエンブルク城です。

このお城はポーランド北部、ワルシャワから車で2時間ほどかかるマルボルクにある中世の城塞で、建設当時はドイツ騎士団の領地でした。城の建設は1274年に始まり、1406年に完成しました。世界最大のゴシック様式の城塞として知られ、城壁の総延長は約4キロメートルに及びます。城内にある聖母マリア教会は高さ約30メートルの巨大なモザイク像を有し、中世ヨーロッパ最大だとされています。とにかくいろいろなものが大きい城です。

なぜポーランドのはずれにこんな巨大な城があるのか。ドイツ騎士団が十字軍遠征後にこの地に定住し、彼らの本拠地として建設したからです。

ドイツ騎士団は、最盛期には正規の騎士団員約1000名、くわえて従軍司祭約200名、下級戦士（騎士ではない軍事要員）約6000名、最大で約1万5000名の兵力を動員できたと推測される、強大な組織でした。その支配領域は規模にして北海道の約2・4倍に及びました。プロイセン（現在のポーランド北部やロシアのカリーニングラード州にあたる地域）を1230年頃から1525年まで約300年にわたって実質的に手中に収め、約93の都市と約1400の村落を支配下に置いていたのです。そんな騎士団の最大の拠点なわけですから、立派に決まっていますよね。

ドイツ騎士団の正式名称は「エルサレムの聖マリア・ドイツ人の家の騎士団」で、1190年に設立されています。バルト海沿岸地域の異教徒改宗と支配を目的とした軍事修道会（修道会騎士団）で、異教徒の侵入に手を焼

マリエンブルク城

いていたポーランド国王より委託され、1226年からドイツ騎士団はプロイセンへの進出を開始します。「北の十字軍」として異民族のキリスト教化のためにドイツ騎士団は1232年にポーランド領へ侵攻し、ここに1274年、要塞マリエンブルク（マルボルク）を建設したのです。その後もローマ教皇のお墨付きを得て東プロイセンにドイツ騎士団国家を建設して勢力を拡大していきます。

このお城にはリミニの金印勅書が残っています。1226年、ドイツ騎士団がローマ皇帝フリードリヒ2世に「プロイセンでの活動権限を与えてほしい、遠征させてくれ」と頼みこんで、フリードリヒ2世がイタリアのリミニで発行したとされる文書です。フリードリヒ2世は当時のローマ帝国の皇帝であり、シチリア王も兼ねた強力な君主でした。そのお墨付きをドイツ騎士団はほしかったのです。しかし実際には、この金印勅書はドイツ騎士団が捏造《ねつぞう》したもので、あとの時代になってドイツ騎士団の活動を正当化するために作られたという説が有力です。

お城が建築物として非常にすばらしく、「さすがドイツ騎士団の本拠地やな」と感嘆の溜息が漏れましたが、ただ巨大なだけではなく、偽文書らしいとはいえ「あのリミニの金印勅書の現物が残っているのか」という点にも驚かされました。

グダニスク　ハンザ同盟の栄光を偲ぶ

お城のあとはグダニスクに向かい、ここで1泊しました。グダニスクはポーランド北部、運河沿いに遊覧船が行き交う美しい港町です。人口は約47万人でポーランドで第6位。グダニスクは中世、都市と都市が協定を結んで取引をする商人の団体「ハンザ同盟」の重要な拠点として繁栄しました。

少し遠回りになりますが、ハンザ同盟の成り立ちと一緒にグダニスクの歴史をおさらいしましょう。

13世紀から17世紀にかけて北ヨーロッパで一大勢力となったハンザ同盟の加盟都市は、最盛期には100とも200とも言われていますが、中でも栄えたリューベック、ハンブルク、グダニスク（当時のダンツィヒ）は協力関係にありました。地理的に離れているものの、歴史的に重要なつながりがあったのです。

リューベックは1143年に建設された都市で、ハンザ同盟の事実上の首都（盟主）でした。バルト海と北海を結ぶ位置にあり、同盟の中で特に重要な町のひとつでした。内陸部からの物資はエルベ川を通じてハンブルクに運ばれ、そこからリューベックに陸路で輸送されていました。

当時はデンマークがバルト海と北海を結ぶ3つの重要な海峡（エーレスン海峡、大ベルト海峡、小ベルト海峡）をすべて支配していました。これらの海峡はバルト海と北海を行き来する商船にとって必須の航路でしたが、デンマークは自国の利益を確保するために商船に「ズンド海峡通行税」を課していました。

その航路を迂回する安全な輸送路として、「リューベック＝ハンブルク」ルートが重要だったのです。距離にして約60キロメートルの陸路でバルト海と北海をつなぐこのルートが、13世紀から15世紀にかけてハンザ同盟の大動脈として機能しました。

一方のグダニスクはバルト海南岸の重要港湾都市として発展します。ポーランドからの穀物輸出の拠点として栄え、リューベックとの間で活発な貿易が行われました。14世紀には年間約1000隻の商船がグダニスクに入港していたと言われています。

ハンザ同盟は共通の法制度（リューベック法）の採用や、定期的な都市会議の開催によって強化され、デンマークとの戦争に勝利して締結された1370年のシュトラールズント条約以降、影響力は最高潮に達します。16世紀以降、ネーデルラントやイングランドの台頭、新航路の発見などにより、同盟の力は徐々に低下していきますが、15世紀後半までは北ヨーロッパの海上貿易に強い存在感を持っていたのです。

意外なことに、ここまで挙げたハンザ同盟3都市のうち、ハンブルク、リューベックはトラヴェ川に面した河畔の町（河岸港）で、海は見えません。ところがグダニスクは唯一、海沿いです。ですから僕はグダニスクに着いてすぐに海に出てみました。

真夏の8月でしたが、誰も泳いでいませんでした。ヨットはたくさんあったものの……。というのもこのあたりは海洋性気候で夏でも平均気温が17、18℃しかなく、水温が低いのです。ハンザ同盟の栄光をイメージして海辺に繰り出してみたのに「何とも感慨に欠ける海やな」と思わず苦笑してしまいました。

グダニスクはほかにも歴史の舞台となった出来事がいくつかあります。

ここは第二次世界大戦の発端の町でもあります。ドイツがポーランド侵攻をしたときには、まずこの町に入りました。

グダニスクは1920年から「自由都市」という特殊な地位にあり、ヴェルサイユ条約によって国際連盟の管理下で独立した都市国家として設定されていました。このときグダニスク（ダンツィヒ）ではドイツ系住民が人口の90％以上を占め、ポーランドには税関の権利と軍事施設の管理権が与えられていました。

1939年8月末、ドイツ軍が182名の特殊部隊員をひそかに乗せた訓練船をグダニスク港に「親善訪問」という名目で入港させ、1939年9月1日午前4時45分、この船からポーランドの軍事施設であるヴェステルプラッテ半島に向けて砲撃を開始——これが第二次世界大戦の実質的な開始を告げる砲撃とされています。

第二次大戦でグダニスクの都市部は約90％が破壊され、現在の町の多くは戦後に再建されたものです。また戦後はドイツ系住民の大多数が退去を余儀なくされ、代わってポーランド人が入植しています。

加えて、1980年にグダニスクのレーニン造船所（現在のグダニスク造船所）で発生したストライキが「連帯」運動の始まりとなり、ポーランドの民主化と東欧の共産主義体制崩壊のきっかけにもなりました。

そんなグダニスクへの旅をもって、ポーランド旅行を終えました。

人魚像　知られざるワルシャワのシンボル

ポーランドには、家族旅行とは別の機会に仕事で、10人ほどのポーランド訪問団の一員として行ったこともありました。ワルシャワで昼に開かれた食事会に参加したのですが、その中で日本人は僕だけ、あとはほとんど欧米各国の出身者でした。僕を見つけた主催者は、日本人が珍しかったのか、挨拶のスピーチをしてほしいと指名をしてきました。突然のお願いにあわてたものの、そのときワルシャワに伝わる人魚伝説のことを思い出しました。

ワルシャワには人魚に関する伝説がいくつかのバリエーションをもって残されています。たとえばひとつにはこういうものです。

ヴィスワ川に住む人魚は、美しい歌声で漁師たちの心を魅了していました。ある日、商人が人魚の歌声を聞き、これを捕まえて見世物にすれば儲かると考えました。そこで漁師たちに命じて人魚を捕獲させます。人魚は檻《おり》に入れられ、若い漁師の家に一時的に預けられました。けれどもこの漁師は人魚の悲しい歌声に心を打たれ、夜のうちに人魚をヴィスワ川に逃がしてやりました。感謝した人魚は、その後もワルシャワに留まり、危険が迫ったときには剣と盾を手に町を守ることを約束します。これが、現在のワルシャワの紋章に剣と盾を持った人魚が描かれている理由とされています。

別のバージョンではこうです。

むかし、ワルシャワがまだ存在しない頃、ヴァヴェル城に住む王妃がヴィスワ川のほとりを訪れたとき、川の中から現れた美しい人魚と出会います。この人魚は黄金のうろこを持ち、歌声は誰もが心を奪われるほど美しい。王妃は人魚に心惹かれ、さらにその歌声に癒されました。王妃と人魚は次第に親しくなっていきました。あるとき人魚は王妃に対して「私はこの川とこの地を守る者であり、いつかこの場所に美しい町が築かれるだろう」と予言します。そして人魚は「私が必要になるときは、歌声で呼んでください」と言い残し、ふたたび川の中へと消えていきました。その後、王妃はこの地を「ワルシャワ」と名付け、町を築きます。この町はやがて大きく発展し、人々の心には「ワルシャワの人魚」という存在が守護者として深く根付いていきました——。

僕はスピーチでワルシャワの起源にまつわる人魚伝説に触れ「人魚がこの町を幸せにしてくれてうれしい」と話しました。すると食事会の主催者は「ワルシャワを『人魚が作った町』と呼んだ日本人はおまえが初めてだ」と感激しながら、旧市街広場にある人魚像の前まで案内してくれました。実はワルシャワの人も10人いたら5人くらいは人魚の伝説についてくわしく知らないようなのです。それを東洋人が知っていたので、驚かれたわけです。

ワルシャワにあるターミナル空港は「ショパン空港」という名称ですが、僕なら「人魚空港」と名付けます。人魚のほうが、長くこの町の象徴なのですから。

8 スペイン

メスキータ　モスクの中にあるキリスト教の大聖堂

スペインはイタリア同様たびたび訪れていますから、こちらも特定の旅行の思い出というより、名所案内の形でお話ししたいと思います。

まず紹介したいのはメスキータです。スペイン南部、アンダルシア自治州コルドバ市の中心部にあるこの建物は、スペインの複雑な歴史をよく伝えています。

スペインのあるイベリア半島は、ローマ帝国、ゲルマン人（西ゴート族）の支配ののち、ジブラルタル海峡を渡ってアフリカから来たイスラーム軍が西ゴート族の王国を滅ぼし、ほぼ全域がイスラームの支配下に入りました。711年のことです。

しかし722年、西ゴート族の王族ペラーヨ率いる残存勢力が山中で「神の奇跡」によって勝利を収めます。これがキリスト教徒によるイスラーム勢力からの土地の奪還運動、いわゆるレコンキスタの始まりとされています。ペラーヨはアストゥリアス王国（のちのレオン王国）を建国し、これが後のスペイン王国につながります。

コルドバのあるアンダルシア地方は闘牛やフラメンコ発祥の地として有名ですが、イベリア半島の南にあるため、レコンキスタが果たされた時期はもっとも遅いのです。つまりスペインの中でイスラーム文化を色濃く残す地域なのです。

コルドバは後ウマイヤ朝のもと、イベリア半島のイスラーム支配地域「アル・アンダルス」の首都として、スペイン最初のマドラサ（イスラーム神学校）が設けられるなど、欧州最高水準の文化と学問の中心地となりました。10世紀には全盛期を迎え、欧州最大の人口を抱える都市として、当時のバクダードやコンスタンティノープルと肩を並べる「西方の真珠」と呼ばれました。

メスキータはアラビア語で「モスク」（イスラーム教の礼拝所）という意味ですが、固有名詞でメスキータと言った場合にはコルドバのメスキータを指します。

メスキータの建設は後ウマイヤ朝のアブド・アッラフマーン1世によって785年に始まります。

なぜ「後」ウマイヤ朝と呼ばれるのかといえば、750年、中東のイスラーム王朝・ウマイヤ朝が打倒されたときに、生き残ったアッラフマーン1世がイベリア半島へ渡り、コルドバを占拠して作った新たな国家だからです。

メスキータはその後、10世紀に拡張され、象徴的なミナレット（ムスリムに礼拝の呼びかけを行うための尖塔）などが作られます。

やがて内紛によってイベリア半島のイスラーム勢力は弱体化します。1236年、レオン王国の流れをくむカスティーリャ王国のフェルナンド3世によってコルドバからイスラーム勢力は放逐され、メスキータはキリスト教会となりました。フェルナンド3世はほかのほとんどのモスクを破壊するよう命じましたが、メスキータは巨大すぎたがゆえに破壊を免《まぬが》れます。

16世紀、スペイン王カルロス1世の代には大聖堂を建てるためにメスキータを取り壊す計画が立てられます。その一環としてまずはモスク中央部に大聖堂が建設されましたが、当時の市民はモスクの美しさが台無しになると猛反発し、カルロス1世もこの改造をあとから悔いて、以降、大規模な増改築はされなくなったと言われています。

このような経緯から、メスキータはイスラームとキリスト教の建築様式が融合した独特の建物となりました。

スペインでとりわけお気に入りの場所のひとつで、20代で初めて訪れて以来4、5回は見ています。初めて訪れたのは、ちょうどメスキータで撮影された太地喜和子さんの写真が日本航空のポスターに起用されていた時でした。僕はスペインでそのポスターを見るまで太地さんを知らなかったのですが、一目見て「きれいな方だな、何という名前なのだろう」と心を奪われ、それからファンになりました。映画『男はつらいよ』のマドンナとして著名な方です。

30代の頃、太地さんの出演された演劇を見にいき、楽屋へお邪魔したことがあります。僕の知り合いに長年の彼女のファンがいるのですが、僕が代わりに差し入れとして日本酒を直接手渡しした際には、天にも昇る気持ちでした。

おっと、メスキータに話を戻しましょう。

メスキータでは850本以上の柱が立ち並ぶ礼拝堂、通称「円柱の森」が圧巻です。これらの柱はローマ時代の遺跡から運んで再利用したもので、赤と白の縞模

メスキータの円柱の森

様のアーチで連結され、幻想的な空間を作り出しています。カルロス1世の代に大聖堂が建てられるさいに150本以上の柱が取り除かれましたが、もとは1000本以上の円柱がありました。

メスキータの内部ではイスラーム時代の美しいミフラーブ（礼拝の方向を示す壁龕《へきがん》）の精緻な装飾や、キリスト教化後に建設された大聖堂の主祭壇や豪華な天井画など、さまざまな時代の芸術作品を見ることができます。

コルドバの祭りには、花々で飾り立てたパティオ（中庭）を競うものがあります。住まいの中に、外からは見えない沈思と休息、懇親の空間であるパティオを設ける伝統はイスラーム時代に由来します。キリスト教国となってから数百年経ったいまでも、パティオの伝統はこの地の人たちに受け継がれてきたのです。

アルハンブラ宮殿　イスラームとルネサンスが融合した宮殿

僕はアルハンブラ宮殿を10回は見たでしょうか。あるとき自分で撮った正面からの写真がいい仕上がりで、長く部屋に飾っていたほど気に入りました。

アルハンブラ宮殿はコルドバよりもさらに南、アンダルシアのグラナダ市にある壮大な宮殿兼要塞の複合体で、名前はアラビア語で「赤い城」を意味する「アル・カルア・アル・ハムラー」に由来します。その名の通り、赤みがかった外壁が特徴で、町を見下ろすサビカの丘の頂上に建っています。

アルハンブラ宮殿の歴史は8世紀からのイスラーム教徒の流入に始まります。9世紀、キリスト教国から都を守るためにイスラーム教徒が築いた要塞「アルカサバ」も宮殿の一部で、アラブの軍事技術を結集したものです。

1031年の後ウマイヤ朝の崩壊後、200年ほどしてイベリア半島南部に成立したナスル朝は1238年にグラナダを首都として王宮を建設します。それこそがアルハンブラ宮殿です。その後モスクや市場、住宅街を含む宮殿機能を整備し、増改築していきました。

アルハンブラ宮殿はスルタン（王）の居所であるとともに、数千人が居住する城塞都市でもありました。ナスル朝

アルハンブラ宮殿

様式と呼ばれる独特の繊細な装飾、幾何学的なタイル細工、アラベスク模様、コーランに描かれる天国のイメージが反映されているとされる美しく広大な庭園が特徴で、イスラーム建築の最高傑作のひとつと言われています。

そして、またもやレコンキスタが建築に関わってきます、

15世紀後半、イベリア半島は最南端を除いてほぼキリスト教徒に征服されました。ナスル朝は最後に残ったイスラーム勢力として抵抗を続けましたが、毎年のように侵攻を受けて1492年にはついに征服されます。

ナスル朝最後の王ボアブディル（ムハンマド11世）はアルハンブラ宮殿を無血開城の形で明け渡し、北アフリカへと逃れました。ボアブディルは美しいアルハンブラ宮殿が戦禍によって破壊されるのをきらって無条件降伏したとも言われています。ボアブディルはカトリック両王にアルハンブラ宮殿の鍵を渡すさい「神のおぼえのめでたいお方、これが楽園の鍵です」と言ったそうです。

その後、アルハンブラはカルロス1世（神聖ローマ皇帝カール5世、在位1516年〜1556年）によってルネサンス様式の宮殿が追加されるなどの改築が行われました。

ひとつの空間にイスラーム式のナスル宮殿とルネサンス様式のカール5世宮殿が立ち並

び、見事に融和しています。

グラナダ大聖堂　スペイン・ルネサンスの傑作

アルハンブラ宮殿から約1・5キロメートルの場所にグラナダ大聖堂があります。市の中心部にある、スペイン・ルネサンスの傑作です。石造りの建物特有の涼しさがあり、夏場は外の暑さを忘れさせてくれます。

この大聖堂はイベリア半島におけるレコンキスタ達成を記念して1523年に建設が始まり、当初はゴシック様式で作られたものの、途中でルネサンス様式へと移行し、1704年に主要部分が完成しました。大聖堂中心の巨大な円柱群は圧巻です。

大聖堂に隣接する王室礼拝堂にはスペイン統一の象徴であるカトリック両王——フェルナンド2世とイサベル1世の石造りの墓室が並び、地下には遺骨が安置されています。イサベルは遺言でグラナダに埋葬してほしいと書いていたのです。レコンキスタがついに完遂されたという、象徴的な土地だからでしょう。ここにはイサベルとフェルナンドの娘で

グラナダ大聖堂

あるファナ1世（狂女ファナ）とその夫であるフェリペ1世（美公フェリペ）も埋葬され、威厳をたたえています。

フラメンコ　多彩な歴史が混ざり合ったスペインらしさを感じる

スペインと言えばフラメンコというイメージがあるでしょう。アンダルシア地方を起源とするギター演奏（トケ）、歌（カンテ）、ダンス（バイレ）をセットとした芸術の総称です。15世紀頃、東方から放浪してきたロマがアンダルシアに根付く中で、土地の民謡をアレンジしたのが始まりとも言われています。

深い感情を込めた歌、独特のリズムと技法によるフラメンコ・ギターの演奏、激しい足の動きと優雅な手の動きが特徴的な踊り――僕も現地で何度も観ています。

フラメンコはタブラオと呼ばれる専門の劇場やレストランで見られます。観光客向けには1回目が夜19時や20時頃から、2回目が22時頃からのディナーショー形式で行われます。でもタブラオの中でも地元の人が多いお店やペーニャと呼ばれる愛好家のクラブでは、もっと遅い時間からショーがはじまり、25時頃つまり深夜にピークを迎え、ときには夜明けまで続くこともあります。

それで朝6時に寝て、9時頃に起きるのです。フラメンコが盛んな地域では、昼食を13時から15時くらいにとり、昼食後に2時間ほどシエスタ（お昼寝休憩）をしたり、あるいは夕方18時から21時頃まで寝たりしてから夕食をとります。だから夜遅くまで活動しても平気なのです。僕もスペイン旅行中はそういうふうに過ごしていました。なお、仕事で訪れたときは朝8時から14時までがビジネスタイムで、お昼ごはんなしでぶっ続けで働き、仕事が終わってゆっくり休んでから夜、食事に出ていました。

スペイン中部にあるマドリードや東部のバルセロナのほうはまだ人々が時間を守る傾向があるのですが、南部のアンダルシア地方は中世に800年くらいイスラーム文化圏だった時代があるからなのか、人々の時間の使い方、感覚がヨーロッパ諸国の中でも相当に独特です。

実は、スペインは統一から500年くらいしか経っていません。今はひとつの国ですが、15世紀前半にはイベリア半島中央部から西部を支配するカスティーリャ＝レオン王国（現在のマドリード、バリャドリード、トレドなど）、イベリア半島東部、地中海沿岸部、地中海の島々を支配するアラゴン王国（現在のバルセロナなど、カタルーニャ、アラゴン、バレンシア地域）、イスラームの支配地域であるアル・アンダルス（南部）の3つに、あるいはピレネー山脈の西部にあった比較的小さなナバーラ王国も入れれば4つの国に分かれていました。

そして、今でも東部のカタルーニャ、北部のバスクやガリシアは独自の言語と文化を持つ「歴史的自治州」となっています。多くの旅行ガイドでもバルセロナのある東部カタルーニャ地方、マドリードがあるスペイン中部、コルドバ、グラナダのある南部のアンダルシア地方は分けて掲載されていますよね。

それぞれもともと文化が異なり、時間の感覚まで違う。地域の多様性、歴史の積み重なりによる文化の混淆《こんこう》がスペインの面白いところです。

闘牛　ショーではなく儀式だと現地で実感

主にスペイン中部や南部、マドリード、セビリア、マラガなどで夏の祭りに合わせて開催されることが多い闘牛は、マドリードやマラガの闘牛場で5回ほど見ました。

マドリード中心部にあるのが収容人数約2・4万人というスペイン最大規模を誇るラス・ベンタス闘牛場です。アリーナの直径は60メートルで、スペインの闘牛場規定の標準サイズです。建物の外観は赤レンガと白い陶器タイルで装飾されており、これはキリスト教支配下でムスリムの職人たちが作り出したネオ・ムデハル様式です。内部に足を踏み入れると、アラビア風のアーチや幾何学模様のタイル装飾が目に飛び込んできます。

一方、スペイン最南部、地中海に面したアンダルシア自治州マラガ市にある闘牛場がラ・マラゲタです。ラ・マラゲタ闘牛場の規模は直径約52メートル、観客席数は約1万4000席とスペインの闘牛場としては中規模ですが、海から近いので気持ちのよい海風が入り、マラガ特有の青い空と合わせて雰囲気がすばらしい。この闘牛場でもっとも重要な大会は、カトリック両王のマラガ再征服を記念する8月のお祭りの最中に行われます。

闘牛を初めて生で見たときには、それまでガイド本などで抱いていたイメージとはまったく違うと感じました。「これはショーやない、儀式や」――闘牛士と牛との戦いは自由に行われるのではなく、型があるのです。

闘牛は11世紀以降、貴族のあいだで騎馬を使ったものが行われていましたが、18世紀に馬に乗らずに牛と闘う貧しい階級の闘牛士が現れて人気を博したことで現在の形式が確立されました。通常、6頭の牛と3人のマタドール（闘牛士）によって行われ、1頭の牛との闘いは約20分間で、3つの段階に分かれています。

第一段階では、マタドールがカポーテ（大きなピンクと黄色の布）を使って牛の動きを観察します。第二段階では、バンデリジェーロ（助手）がバンデリージャ（飾り矢）を牛の肩に刺し、そして最後の段階でマタドールがムレタ（赤い布）と剣を使って牛を仕留めます。闘牛に使われた牛は場内でただちに解体されて食肉として販売されます。

闘牛場は、アリーナを囲む観客席は太陽側（sol）と日陰側（sombra）、中間席（Sol y Sombra）に分かれています。日陰の席は涼しいけれども値段が高く、主に観光客用です。現地の多くの人は強い日差しの下、ソルで見ます。日没の2時間前から始まり、日が沈むのに合わせるようにして終わるという闘牛の時間設定の象徴性を考えても、落ちゆく夕陽に斜照されて闘技場が真っ赤に燃えるソルで見るべきです。

アリーナにさし込む太陽の光が日没とともに闘牛場を赤く染めゆくことを計算に入れた空間のデザイン、牛の命を奪うまでの様式美、祭りの期間中に行われることを合わせて考えると、豊穣祈願のために神への供物として牛を捧げたことから来ているという説もうなずけます。その儀式を数千人、数万人が同時に体験するのが闘牛なのです。

プラド美術館　マドリードに行くたび訪れる名画

カスティーリャ王国がタホ川沿いの古都トレドからイベリア半島中心部にある水と緑の

都マドリードへと遷都を決めたのは、1561年のことでした。その後、首都機能がほかの都市に移転された時期もたびたびありましたが、20世紀のスペイン内戦を経たのちはマドリードが不動の首都となっています。

　僕がマドリードに行くときには、必ずと言っていいほど国立プラド美術館に立ち寄ります。プラドはフェルナンド7世の命により美術館として1819年に開館し、今では世界有数の美術館のひとつに数えられています。

　16世紀から18世紀にかけてハプスブルク家やブルボン家の王たちが収集した絵画や彫刻がコレクションの中核を成し、スペイン絵画の黄金時代である16世紀末から17世紀の作品や、イタリア・ルネサンスの巨匠の作品が充実しています。

　中でも僕が好きな作品に、ディエゴ・ベラスケスの大作「ラス・メニーナス（女官たち）」、フランシスコ・デ・ゴヤがジョルジョーネ以来の「眠れるヴィーナス」の構図を踏襲して

ディエゴ・ベラスケス「ラス・メニーナス」

実在の女性の裸体を描いた「着衣のマハ」「裸のマハ」、ヒエロニムス・ボスによる怪作にして大作の「快楽の園」、初期フランドル絵画を代表する風景画家ヨアヒム・パティニールによる「冥府の渡し守カロン」などがあります。

ソフィア王妃芸術センター　「ゲルニカ」に僅差で行けなかった思い出

プラド美術館から徒歩10分の距離にあるソフィア王妃芸術センターも、ぜひ見ておきたい場所です。こちらはピカソ、ダリ、ミロ、フアン・グリスといった20世紀以降の美術を中心に収蔵しています。この美術館はスペイン王妃だったソフィア王妃にちなんで名付けられました。

ここにはスペイン南部マラガに生まれ、バルセロナで育った画家パブロ・ピカソの「ゲルニカ」があります。

「ゲルニカ」と言えば僕の人生の中でも痛恨の極みの出来事があります。

ピカソのこの作品は、スペイン内戦中の１９３７年、反乱軍を率い

パブロ・ピカソ「ゲルニカ」

るフランコから軍事支援を要請されたナチス・ドイツが北スペイン、バスク地方にある古都ゲルニカを爆撃して町の大部分を破壊し、多くの民間人を含む２０００人以上の犠牲者が出た衝撃から、同年のパリ万博スペイン館の壁画として制作されました。

ゲルニカが空爆されたのは、この地がバスクの自治の象徴だったからです。

スペインは19世紀には国民国家となりますが、近隣諸国とは異なり近代に入っても単一の国民文化、言語にまとまるのではなく、カタルーニャやバスクなど諸地域が力を持ち続けました。結果として地域間の争い、国家と地域の摩擦もやむことがなく、地主と小作農や工業都市と農村の格差、また保守と革新派のイデオロギー対立なども重なり、１９３６年にスペイン内戦が勃発します。フランコはスペインの中央集権化を強く支持していたので、対立する地域主義の象徴たるバスクが犠牲となったのです。

空爆ののち、北スペインはフランコによって占領されます。そのためピカソの「ゲルニカ」はアメリカに渡り、フランコ独裁政権（１９３９年〜１９７５年）のあいだはニューヨーク近代美術館に預けられ、１９８１年にようやくスペインに戻ってきました。

僕はいつかピカソが描いたゲルニカの町に行ってみたいと、ずっと思っていました。実はほんの10キロメートルほどの距離まで行ったことがあるのです。仕事と仕事のあいだの移動で通り、「あれ、もしかしたら行けるな」と思いました。でもそのあとに大事な約束が入っていました。間に合わなくなったらまずいと判断し、「また今度行こう」とスルーしたのです。でもそれ以来、行く機会がありません。今思えば立ち寄る時間は十分あったので、「行けばよかった」と思い出しては後悔しています。行きたいところに行ける機会があるなら「迷ったら行く」。それが一番ですね。

パラドール　貴重な史跡に泊まれる国営ホテルチェーン

スペインには1928年に政府によって設立された国営のホテルチェーン「パラドール」があります。城、修道院、宮殿、古城といった歴史的建造物を保存しながら質の高い観光インフラを整備することを目的に設立され、スペイン全土に約100軒のパラドールが存在しています。僕はスペイン滞在時にはあちこちのパラドールに泊まりました。

たとえばパラドール・デ・トレドは、トレドの町を見下ろす「皇帝の丘」(セロ・デル・エンペラドール)にある16世紀の要塞を改装したもので、トレド大聖堂のある旧市街とタホ川の蛇行、中世の町並みを一望できましたし、パラドール・デ・サンティアゴ・デ・コンポステラは、キリスト教三大聖地のひとつを巡るサンティアゴ巡礼路の最終目的地にほど近い場所にあり、カトリック両王が1499年に建てた巡礼者用病院を改装したスペイン最古のホテルのひとつです。ほかにも、カスティーリャ地方の伝統的な建築様式が保存されているパラドール・デ・アビラ、16世紀にサンティアゴ巡礼路の国内最重要拠点として建設された旧サン・マルコス修道院を利用したパラドール・デ・レオンに泊まったことがありました。どれもすばらしかった。

その中で一番はアルハンブラ宮殿の敷地内にある、旧サン・フランシスコ修道院を改装したパラドール・デ・グラナダです。ナスル朝時代のイスラーム様式の宮殿を改装して造られた修道院を利用しており、かつての修道院の回廊が保存されているほか、中庭にはナスル朝時代からの伝統を保っている噴水を配した庭園があり、部屋からは旧アラブ人居住区で、ユネスコ世界遺産のアルバイシン地区や、シエラ・ネバダ山脈を望むことができます。

グラナダには10回ほど泊まりましたが、一度しかそのホテルには行けていません。あまりにも人気で泊まれないのです。

パラドールを拠点に各地を巡ると、スペインがフランスに次いで世界第2位の観光大国である理由も体感的に理解できるでしょう。

ヨーロッパの地方都市を訪ねて――スペイン編

サン・セバスチャン

スペインはバスク地方の首邑《しゅゆう》ビルバオ（ロンドンからブリティッシュ・エアウェイズの直行便がある）から、バスで約1時間東に走ると、古くから「カンタブリア海の真珠」として知られているサン・セバスチャン（San Sebastian）に着く。人口約18万人のこの町には、歴史を秘めた古城や、由緒正しい大聖堂はない。その代わりに、ウルメア（Urumea）川にかかる堂々として美しい大きな橋がいくつもあり、小高い2つの山に挟まれた、たっぷりとした砂浜がある。足に力を込めると、どこまでも沈んでいく砂の感触が心地よい。この町は、スペインでも有数の保養地であり、夏のシーズンになると、湘南海岸のように、人であふれると言われている。したがって、シーズン・オフが狙い目だ。

フランスに近接していることもあって、この町は、実はグルメにとっては天国のようなところである。スペインにわずか2軒しかない3ツ星レストランのひとつ Arzak

をはじめ、2ツ星レストランが1軒、1ツ星レストランが5軒もある（現在では16軒）。しかし、旅の楽しみは、見知らぬ意外なレストランにこそある（と、筆者は思う）。ホテルのコンシェルジュに、「近くて一番おいしいところ」を教えてもらおう。ただし、間違っても夜の10時以前に行ってはならない（夕方に空腹を覚えれば、天井からハムの下がっている、バール（Bar）——スペインの居酒屋で、軽く一杯やる方法がある）。10時に入店しても、あなたがおそらく一番早い客となるだろう。スペイン人はおしなべて宵《よい》っ張りなのである。バスク地方は、魚が名産である。良いレストランであればワインリストをもらったら、ベガ・シシリア（Vega Sicilia）がないかどうか探してみよう。もしあれば、財布を叩いてもとにかく飲むべきである。スペインでは一般にリオハ（Rioja）の赤ワインが有名だが、ベガ・シシリアは、フランスの最高級品に匹敵する「幻の赤ワイン」なのだ。

ゆっくりと朝寝をして、日が高く昇ったら、ケーブルカーで、イゲルド山（Monte Igueldo）に登ってみよう。帆立貝の形をしたコンチャ湾（Bahia De La Concha）を眼下に、サン・セバスチャンの町が一望できる。晴れた日もすばらしいが、宝石をちりばめたような夜景も、また息を呑む美しさである。なお、バスで海辺の道をさらに東に

1時間ちょっと走れば、ナポレオン3世の皇后ウージェニーがこよなく愛したフランスの海岸保養地、ビアリッツ（Biarritz）に着く（列車の便もあるが、乗換が必要）。途中のフランスの町、サン・ジャン・ド・リュズ（Saint-Jean-de-Luz）は、ルイ14世とスペイン王女マリー・テレーズが1660年に結婚式を挙げた所で、その教会（Eglise St-Jean-Baptiste）が今でも残っている。

9　ペルー

ペルーには家族旅行で行きました。妻と娘は時間があったので先にフロリダに行ってディズニーで遊び、僕は忙しかったので仕事先から直行してペルーで合流しました。日本からペルーへの直行便はなく、アメリカを経由して首都リマに向かい、リマからさらにクスコに飛行機で行くのが一般的です。

先に着いていた妻と娘は「マチュピチュの遺跡を全部のぼる」と言い、一方、時間がなかったために僕は「残念だけど全部は無理そうや」と思っていました。ところが実際には僕は2日間かけてほとんどすべて見ることができました。でも妻と娘は高山病でダウンしてしまったのです。

ペルーの国土は地理的に3つの主要な地域に分けられます。セルバ、シエラ、そしてコスタです。セルバはアマゾンの熱帯雨林地域で、国土の約60％を占めています。シエラは多くがアンデス山脈地域にあり、国土の約30％を占めています。残りの約10％がコスタで、首都リマを含む太平洋沿岸の幅30～50キロメートル、長さ約3000キロメートルの細長い海岸砂漠地帯です。

簡単に言えばペルーの中央部、アンデス山脈一帯がシエラです。シエラは、スペイン語で「山脈」という意味なのです。インカ文明はシエラにあり、帝国の最盛期には地域別人口比がシエラ10対セルバ1くらいでした。僕ら家族が旅したのもシエラ側です。

マチュピチュ　インカ帝国の一大遺跡

マチュピチュは、ペルー南部のクスコ県ウルバンバにある15世紀のインカ帝国の遺跡です。アンデス山脈の尾根に位置し、ウルバンバ川の深い渓谷を見下ろす断崖絶壁に建設されています。

クスコはペルーの首都リマから飛行機で約1時間半、クスコからマチュピチュへは車やバスで約2時間。そこから列車で約1時間30分かけてアグアス・カリエンテス（別名マチュピチュ・プエブロ）まで行き、さらにシャトルバスで約20分で遺跡です。

マチュピチュ

マチュピチュの歴史は15世紀中頃のインカ帝国の繁栄期にさかのぼります。インカ帝国はスペイン人が到来した当時、南米最大の帝国でしたが、1532年に崩壊します。その後マチュピチュは長らく忘れ去られ、密林に覆われました。1911年、アメリカの考古学者ハイラム・ビンガムによって再発見され、ビンガムは当初「インカの失われた都市」だと考えましたが、のちの研究で誤りだとわかっています。現在の考古学者たちは、マチュピチュは宗教的または政治的に重要な場所であったと推測しています。

マチュピチュは言うまでもなく非常にすばらしかったのですが、ペルーではほかにも驚かされることが続きました。

チチカカ湖　富士山より高い、琵琶湖12個分の湖

クスコからは観光列車のアンデアン・エクスプローラでチチカカ湖のあるプーノへ向かい、車中で1泊しました。クスコ－プーノ間のルートでは、アンデス山脈の壮大な景観を楽しみながら横断し、標高差約1000メートルを移動して標高4335メートルのラ・ラヤ峠を通過します。

この間、家が一軒もないようなところも列車は走っていきます。娘はほとんど自然しか

ない外の景色を見て「広いねえ」と喜んでいました。

ペルーとボリビアの国境に位置するチチカカ湖は、富士山よりも少し高い標高約3812メートルの高地にあり、大きさは琵琶湖12個分もあります。ここはインカ帝国以前からティワナク文明の中心地のひとつで、インカ神話ではこの湖から創造神が人間を作り出したとされている、神聖な場所です。

ここは世界でもっとも標高の高い場所にある、商業航行可能な湖でもあります。僕ら家族もモーターボートで30〜40分ほどチチカカ湖の上を走りました。

湖には41の島があり、この島々はトトラと呼ばれるアシ科の植物を編んで人工的に作られた浮島です。現在もウル族の人々が伝統的な生活を営んでいます。

ためしに、建物が数軒あるほかはほとんど何もない浮島に上陸してみました。僕ら同様、ボートから上陸した人が10人くらいはいたでしょうか。そうしたら、その重みで島全体がグラグラと揺れました。もちろん島がひっくり返ったりはしないのですが、そんな不安定な島に建物があるのです。建物の多くは日帰り観光客向けに作られた展示用の施設や土産物屋、レストランなどですが、島によっては実際に住民が使用している伝統的な建物もあります。朝10時から夕方5時まで船便があり、湖にある人工島に暮らしながら、日中はプーノ市内の学校や働きに出ている人たちもいます。旅をしていると、世界にはすごいところに住んでいる人もいて、「本当にいろいろな暮らしがあるんやな」と思わされます。

それからまた列車でクスコに戻り、今度は市内を見て回りました。

クスコ　12角の不思議な石

海抜約3399メートルのアンデス高地に築かれたクスコは、ペルー南東部の都市で、かつてのインカ帝国の首都として知られています。クスコという名前は、ケチュア語で「へそ」を意味し、インカ帝国の中心地としての重要性を表しています。

都市としての本格的な発展は13世紀頃にインカ文明の中心地となってからで、特に第9代パチャクテクの時代に首都として再建と拡張が行われました。

しかし、王が神とあがめられるほど権勢をふるったのは半世紀程度の期間しかありませんでした。

1532年、フランシスコ・ピサロによってインカ帝国が征服されると、クスコはスペイン植民地時代を迎えます。莫大な量のインカの黄金像や宝石で飾られたきらびやかな宮殿は略奪し尽くされ、金銀合わせて少なくとも十数トンが溶かされて延べ棒となってヨーロッパへと運ばれました。また、神殿は破壊され、その強固な石組みの上にスペイン式の建物が建てられ、現在見られるような独特の融合建築様式が生まれました。たとえばコリカンチャはかつてインカ帝国最大の太陽神殿でしたが、現在はその上にサント・ドミンゴ教会が建っています。

僕がクスコで一番印象的だったのは「12角の石」です。

12角の石はインカ時代の石組みの傑作として知られています。かつてはインカ帝国第6代王ロカ（在位推定1350年～1380年）の宮殿の外壁を構成し、現在はその場所に大司教館が建てられています。この石組みの壁がなぜ有名なのかと言うと、石と石のあいだに1ミリも隙間がないのです。もちろん、接着材などは使っていません。12の角を持つ複雑な形状の石が、どこから見てもぴったり噛み合っています。石材はアンデサイトと呼ばれる安山岩（火山岩の一種）で、クスコ近郊の採石場から運ばれたと考えられています。

日本の石垣に用いる石は四角とか五角でしょう。あれは花崗《かこう》

12 角の石

岩《がん》（みかげいし）を割れ目に沿って割って運び、長方形に加工した石材を水平に積み上げ、間に小さな詰め石を入れる「算木《さんぎ》積み」で城郭を作っています。対して安山岩はより硬く、加工が難しいのです。おそらく花崗岩のようにパッキリ割り、運ぶのにちょうどいい大きさに切ることはできなかったはずです。しかたがないのでそのまま使うしかない、でもパズルのようにかっちりと石を組み合わせ、まっすぐな壁を作っています。

当時のインカ帝国には鉄器はありません。つまり石か銅の工具を用いて石を削り、磨いて石と石を嚙み合わせていったはずです。石を採掘した直後のやわらかい状態で加工したという説や、高度な測量技術と工具を用いて硬い石を精密に加工したという説などいくつかの説がありますが、何にしても「いったいどうやっているんや」と思わされる、信じがたい精巧さです。

段々畑「アンデネス」 インカ帝国の遺産にして現役のジャガイモ畑

クスコ市街で2泊し、そのあと朝から郊外へ出ました。

クスコ市街地から約15キロメートル離れたサクサイワマン遺跡周辺など、クスコ近郊のさまざまな場所で「アンデネス」と呼ばれる段々畑を見ることができます。インカ帝国以前から続くという農業システムですが、これもパチャクテクの時代に農業生産向上を目的に建設が推進されたと考えられています。栽培する主な作物にはジャガイモ、トウモロコシ、キヌアなどがあり、異なる高度に段々畑を造成することで、さまざまな気候条件に適した作物を栽培しています。ジャガイモひとつとっても一段ごとに違う種類のものを作っているのです。高低差の大きいアンデス山脈の斜面において、限られた耕作可能地を最大限に活用するための技術でした。

地理的に言うと真ん中に川が流れ、その両側に河岸段丘のように段々畑が作られています。アンデネスは遺跡でもありますが、今も畑として使われているものもあります。

アンデネスは各段が石壁で支えられ、その高さは一段1・5メートルから4メートルほどあります。段々畑の幅は狭いものでは1メートル程度、広いものでは10メートル以上に及びます。

段々畑の連なりは、標高差で数百メートルから約1500メートル。ひととおり見ようとしたら、畑の見学というより登山です。それも、かなりきつい山登りです。

段々は上から見ると同心円状に10段から20段はあるでしょうか。といってもふつう「階段状」と言ってイメージするものとは逆で、上の方が広く、下の方に掘っていくというすり鉢のような面白い形をしています。「ここは宇宙人が来て作ったのだ」と言う人がいてもおかしくないようなデザインです。しかもとても大きい。「まさか畑のためにこんな広大なものを作るとは」と思わされるスケール感です。

アンデネスを歩いていると、まるで自分が小人になって超巨大な階段を上り下りさせられているような、途方もない気分になります。降りるときは楽ですが、のぼるのはつらい。僕はなんとか上から下まで歩いて見ることができましたが、妻と娘は途中でギブアップしていました。

アンデスでは、ジャガイモだけで60種類ほど売っていました。

ジャガイモの原産地はチチカカ湖周辺と言われており、約8000年前からアンデスでは各地で多種多様なジャガイモが栽培され、約4000種類以上の品種が存在するという説もあります。痩せた土地でも日が当たらなくてもすぐに成長して年に何度も採れるため、アンデスでは非常に重宝されたのですね。

日本人がイメージするジャガイモといえば男爵《だんしゃく》いもとメークイン、ほかに数種類も言えたら詳しいほうだと思いますが、アンデスで栽培される品種は、形や大きさ、色、味がほんとうにさまざまです。皮が濃い紫色だったり、赤と白のマーブル模様であったり、細長いものもあれば螺旋状のものもあり、ナッツのような風味もあればクリーミーな食感のものもあり、煮込み料理に向いたものからサラダ向きのものまで実にたくさんです。ジャガイモは目でも楽しませてくれる作物なのだと、このとき初めて気づかされました。

ペルーは歩き回るのがとにかく大変です。

でも、もう一度行ってみたい。それくらい楽しい場所でした。

10

連合王国（英国）

僕が日本生命のロンドン現地法人社長を務めたのは42歳から45歳の頃です。

職場はロンドン中心部に1982年にオープンした大規模複合施設バービカンセンターにありました。これはシティ再開発の一環として建設されたもので、オフィスエリアとコンサートホールや劇場、映画館、アートギャラリー、図書館、保育園、飲食施設、居住スペースなどが同じ地区にまとまっていました。大好きなロイヤル・シェイクスピア・カンパニーのロンドンでの本拠地といっていい場所でもありましたから、ここでよく観劇を楽しみました。

プリンス・ハルとダイアナ妃の思い出　メールアドレスに込めた意味

僕のメールアドレスは、職場が変わっても頭の部分はいつも「p-hal@～」です。ほとんどの人は僕の名前が「出口治明」だから「hal」、日本生命時代であれば「海外子会社の社長だから president-hal ということかな」くらいに思うようです。僕は英語で挨拶するときはいつも「ハル出口です。よろしく」と言っていますが、それでもほとんどの人は「ミスター出口」と呼びます。

僕は1992年4月にロンドン現地法人社長に就任しましたが、6月に初めてp-halの意味に気づいてくれた人がいました。最初に指摘したのはロンドン駐在のフランス人で、その後とても親しくなりました。

種明かしをすると、僕はシェイクスピア作品の『ヘンリー4世』に登場するヘンリー5世ことハル王子に引っかけて「僕はhalだ」と言っているのです。

『ヘンリー4世』第1部のあらすじはこうです。

リチャード2世を廃位させて王冠を奪い、イングランド王ヘンリー4世となったヘンリー・ボリングブルックでしたが、その地位は盤石とは言えませんでした。心の動揺を十字軍遠征で解消しようとするも、スコットランドおよびウェールズ両国境での騒乱によってそれもかなわない。さらにヘンリー4世を悩ませたのが皇太子のハル王子がごろつきどもと居酒屋などで遊び回ることでした。ハルの一番の親友はサー・ジョン・フォルスタッフ——でぶで呑兵衛、もう若くもない。しかしその生き様は、窮屈な王宮で生きてきたハルには魅力的に映りました。

ヘンリー4世は北部での反乱の中心となったパーシー家、特に勇敢なホットスパーと対峙しつつも、一方で彼を模範的な若者として、自身の息子ハルと対比して嘆きます。ところが実はハルは放蕩生活を送っているだけに見えて将来の王としての自覚があり、フォルスタッフとの付き合いも民衆の生活を知るためのものでした。クライマックスでハルは反乱軍のホットスパーと一騎打ちを行い、見事に勝利を収め、父王に対して真価を証明するのです。

僕はこの作品がとても好きで、だからこそ自分の名前とひっかけてメールアドレスをp-halとしていました。でも、本場ロンドンでもなかなかこの由来のことをわかってくれる人はいません。とはいえそれでも3年間で20〜30人はハルと呼んでくれる親しい友人ができました。

南アフリカの友人などはオフィスに訪ねてきて受付でいきなり「プリンス・ハルはいますか?」と言うので、僕の秘書だったジーナが「『プリンスはいますか』だそうですよ」と笑いながら教えてくれました。シェイクスピアを知っている人なら「ごろつきとつるんで口も悪いハルから名前を取っているんやから、こいつはたぶん堅苦しいやつではないな」と気を許してくれることが多かったように思います。

そういえば、その南アフリカの友人をオペラに誘って2人で見に行きました。英国では日本のように高級料理店に誘って長々と酒席で接待するような文化はありません。仕事相手をもてなすといってもせいぜいパブで軽く飲んだり、ビジネスランチをしたり、スポーツや文化的なイベントに誘うくらいです。

僕のまわりでは接待としてオペラに行く人はあまりいませんでした。でも僕はチケットの手配や劇場でのお作法は手慣れたものでしたから、せっかくのロンドン滞在を楽しく過ごしてもらいたいと思い、僕がもっともオペラが見やすいと思っている劇場2階席の一番前の真ん中の席を確保しました。

劇場に彼らをアテンドしたあと、いつも立ち寄っている劇場内の売店でオペラの解説書を自分の分と接待相手の分を買って客席に戻ると、接待相手に肩を叩かれました。何だろうと思うと、小声で「ダイアナ妃があそこにいるよ」——。

なんと同じ2階席最前列の、僕からわずか3つばかり離れた客席にいらしたのです。その場では「へえ、そうか」と落ち着いたフリをしていましたが、実はそのあとずっと気もそぞろでした。間近でダイアナ妃を目にしたのは人生でこのときだけです。美しい。とにかくそればかりが記憶に残っていて、オペラの内容や接待相手と何を話したかはほとんど忘れてしまいました。

南アフリカ調査旅行　融資失敗の残念な思い出

南アフリカからロンドンに来てもらっただけではなく、こちらから南アフリカを訪れたこともあります。

当時の僕の商売は、100億円単位で資金を運用し、お金を貸すことでした。プライベート・インベストメントと言って証券取引所などの公開市場を通さない非上場の投資を東西ヨーロッパ中心に行っており、たとえばフィンランドやバルセロナ市が取引先でした。お金とそれを求める人が集まる金融街ロンドンでの僕の仕事相手は、外国人と日本人の割合が7：3ぐらいで、良い情報を持ってきてくれる投資銀行関係の人たちなどとよくお付き合いをしていました。

はるばる南アフリカからやってきた友人は、「50億円を貸してほしい」と相談に来た政府の人間でした。当時、南アフリカ共和国にはお金がなかったのです。南アフリカは非白人を隔離し白人を優遇するアパルトヘイト政策によって国際的に非難が高まり、欧米諸国から経済的な支援が得られなくなって「世界の孤児」と呼ばれ、1980年代中盤から債務危機に陥っていました。

アパルトヘイトが終わったのは1994年ですが、反アパルトヘイト運動を繰り広げたネルソン・マンデラが解放されたのは1990年です。僕のロンドン勤務は1992年から1995年まで、つまり南アフリカの人が僕らを訪ねてきたのは、旧体制の終焉に向けた政治的な動きが加速していた時期でした。体制が変わり、政策が転換すれば、南アフリカへの投資がいつ再開してもおかしくなかったのです。そこで僕らは5人規模の調査団を作って入国し、ひそかに政府関係者や金融機関と接触してデューデリジェンス（投資の可否判断のための調査）と交渉を重ねていました。そして最終的に「3年長期プライムレートで100億円を貸す、その代わりに南アフリカ中央銀行の保証をつける」という条件で南アフリカ側と話をつけたのです。

でも、案件は実りませんでした。日本生命が「南アフリカにお金は貸せない」と難色を示したからです。僕は南アフリカにはまだどこもお金を出していないとわかっていたからこそ、世界で一番良い条件を取り付けてきたのです。もうじきアパルトヘイトが終わるだろうことも目に見えていました。それでもダメでした。その後、南アフリカにおいて法制度上の人種平等化が果たされてからは国際的に風向きが変わっていくのですが、ギリギリのタイミングでディールが実現できませんでした。僕がアフリカ大陸を訪れた数少ない機会がこの南アフリカへの調査と交渉の旅でしたが、残念な思いと悔しさが残っています。

ストラトフォード・アポン・エイヴォン　シェイクスピア日帰り観劇の日々

ロンドンからの日帰り旅行もよくしました。

連合王国のウォリックシャー州中部に位置するストラトフォード・アポン・エイヴォンは、地理的にはイングランドのほぼ中心、エイヴォン川沿いに発展した人口約3万の市場町で、英文学史上もっとも重要な劇作家であるウィリアム・シェイクスピア（1564年〜1616年）の生まれ故郷です。シェイクスピアが生まれたときには人口2000〜2500人、大都市ロンドンの10分の1規模で、当時のイングランドの典型的な町でしたが、18世紀から稀代の劇作家の故郷として注目を集めはじめ、いまやヘンリー・ストリートにある彼の生家には年間約50万人の観光客が訪れます。

ここを拠点に活動する劇団にロイヤル・シェイクスピア・カンパニー（RSC、Royal Shakespeare Company）があります。このカンパニーが運営する3つの劇場では、シェイクスピア作品を中心とした演劇が上演されています。世界的な名優を多数輩出してきたRS

Cの起源は1875年に設立されたシェイクスピア記念劇場で、1961年に演出家のピーター・ホールによって現代的な組織へ転換され、このときエリザベス2世から「ロイヤル」の称号を授与されました。現在、RSCは1040席を備えるロイヤル・シェイクスピア・シアター、450席のスワン・シアター、そして実験的な作品上演のための200席のアザー・プレイスを運営し、シェイクスピア作品を中心としながら古典作品や現代演劇も手がけています。年間観客は約40万人、上演作品数は約20作品です。

RSCの劇場はロンドンから150キロメートルほど離れていますが、僕は観劇のために日帰り旅行するのが楽しみでした。5時半に仕事を終え、パンをかじりながらクルマを飛ばして7時半からの幕開けに間に合うよう劇場に入るのです。そして夜10時半頃に劇が終わると、またM3（高速道路）を走ってロンドンまで帰りました。

ロンドン勤務時代の3年間で、ここで見られる演目はすべて見ました。20以上の作品を合計30回以上は観たと思います。

いまはストラトフォード・アポン・エイヴォンでは、演目の切り替えやメンテナンス期間を除けば週6日、1ヶ月に15～20回公演しているようです。でも僕がロンドンにいた1990年代は、もう少しロイヤル・シェイクスピア・シアターが空いていない期間が長く、メインキャストがロンドン公演や海外公演などでいないことも頻繁にありました。

世界的に有名な演劇、歌劇の施設でほとんど毎日やっているのはロンドンのソーホー地区の劇場やウィーン国立歌劇場くらいではないでしょうか。ミラノのスカラ座はオペラで有名で、12月から7月にかけてのメインシーズンには月10〜20日以上公演日がありますが、長いオフシーズンもあります。

僕は世界中いろいろな劇場を回りましたが、ストラトフォードが一番ですね。俳優が良いし、大好きなシェイクスピア演劇の本拠地ですから。

グローブ座　シェイクスピア時代を再現した劇場

ロンドンでシェイクスピアといえば、グローブ座のことも触れずにはおけません。グローブ座はテムズ川南岸にある円形劇場で、劇場名の「Globe」は「地球」や「世界」を意味し、シェイクスピアの劇団「王の男たち」の紋章に由来するとされています。シェイクスピアが本拠地にしていたけれども地主の都合で契約更新がかなわなくなったシアター座を解体し、使われていた材木をテムズ川を使って運んで建てたのがグローブ座です。

オリジナルのグローブ座は1599年に建設されましたが、1613年に『ヘンリー8

世』を上演中、劇中で王の到着を知らせる空砲から出た火花が乾燥した藁《わら》ぶき屋根に燃え移り、わずか1時間ほどで劇場が全焼したと言われています。シェイクスピアは劇場の共同所有者でしたが、その権利も手放して郷里へ帰り、そこで最後の戯曲数編を書いて52歳で亡くなりました。グローブ座は１６１４年に瓦屋根で再建されたものの、１６４２年の三王国戦争（昔で言う「清教徒革命」）時に閉鎖され、１６４４年に取り壊されました。

現在のグローブ座はオリジナルの劇場から約２３０メートル離れた場所に、アメリカ人俳優・監督のサム・ワナメイカーの手によって復元されました。サムを中心にグローブ座再建の機運が高まった頃、予定していた建設用地のすぐ近くから、かつてのグローブ座の土台などが思いがけず見つかり、遺跡をもとに16世紀末のエリザベス朝時代ほぼそのままの劇場が再建できました。円形の木造オープンエア構造が特徴で収容人数は約１４００人、

復元されたグローブ座

うち立ち見席が約700、座席が約700。屋根がない円形劇場ですから、公演は主に4月から10月の温暖な時期に行われています。

1997年に劇場が完成した際のこけら落としは『ヘンリー5世』でした。

僕はその頃にはもうロンドン勤務から離れていましたが、再建されてすぐ遊びに行っています。劇場に入ると中世の格好をした人たちが集まっていました。劇場のスタッフや役者ではありません。一般のお客さんです。少なくとも30～40人はいたでしょうか。きっと当時のグローブ座の雰囲気を出そうと思ったのでしょう。仮装パーティさながらの空間になっていて、『ヘンリー4世』に出てくるフォルスタッフの格好をした、でっぷりと太って、だぶだぶの服を着ている人もいました。もちろん僕もハル王子の格好をして……と言いたいところですが、「旅行の荷物は最小限」をモットーとする僕には、残念ながら叶わぬ夢でした。

サンセット大通り　世界各国で演劇を見比べてわかった演出の違い

ロンドンでのお役目を終え、日本に帰る直前にロンドンのウェストエンド地区の劇場でミュージカル『サンセット大通り』を観劇しました。

ミュージカル『サンセット大通り』はアンドリュー・ロイド・ウェバーが作曲した有名な作品で、1993年7月12日にウェストエンドのアデルフィ劇場で初演され、1997年4月まで約4年間のロングランを記録して終演、その後はブロードウェイや世界各地で上演されています。

この作品は1950年に公開されたビリー・ワイルダー監督の同名映画が原作です。ハリウッドを舞台に、無声映画時代のスターだった往年の大女優ノーマ・デズモンドと若い脚本家ジョー・ギリスの関係を描いています。ノーマは自分の人気がすでに過去のものとも知らずに、召使いのマックスとともにサンセット大通りにある寂れた邸宅に住んでいましたが、ある日、借金取りに追われた貧乏脚本家のジョーが屋敷に逃げ込んできます。ジョーがノーマに『サロメ』の脚本を直すように依頼されて彼女とともに暮らすようになるとノーマはジョーに惚れ、ジョーはその気はなかったけれども離れようとするとノーマが自殺未遂を起こしたため、仕方なしに深い関係を続けるようになります。ところがジョーは『サロメ』の台本を直すうち、友人の婚約者であるベティと親しくなっていきます。ベティとの関係がノーマに知られてしまうとジョーはベティに別れを告げ、故郷に帰ると宣言しますが――こんな物語です。

僕はロンドンからの帰国後は日本生命の国際業務部長を命じられ、約3年間にわたってニューヨーク、シカゴ、カナダ、オーストラリアなどを毎月のように海外出張で訪れることになりました。そして出張先の各地で『サンセット大通り』に再会し、5度観劇しています。くりかえし観るうち、演出に2系統あることに気がつきました。『サンセット大通り』は徐々に女優が狂っていき衝撃の結末を迎えるというのがもともとの演出なのですが、もうひとつ、脚本家の男の方が狂っていくという演出もあるのです。

お別れかと思いきやお互いに旅をしながら別の場所で再会し、それまでとは違う表情を目にして、より深く知る。そんなふうな演劇との付き合い方もあるようです。

ヨーロッパの地方都市を訪ねて——英国編

ウィンチェスター

ハンプシャー州の州都であるウィンチェスターには、ロンドンからM3で簡単に行くことができる（72マイル）。人口3・5万人のこの町は、アルフレッド大王のウェセックス王国の都として大いに栄えた所であり、ウィリアム1世征服王はその重要性に鑑み、ロンドンと同様にウィンチェスターでも戴冠式を挙行している。

現在のウィンチェスターは、大聖堂の町として知られている。ウィンチェスターの司教は、連合王国国教会のなかで、カンタベリー、ヨーク、ロンドン、ダーラムに次ぐ高い地位を与えられているが、大聖堂もそれに劣らぬ美しいシルエットを示している。7世紀のサクソンの僧院の跡に、ウィリアム1世征服王によって任命されたウィリアム・ウォークリン司教（William Walkelyn）が、大聖堂の建立に着手したのは1079年であった。しっとりとした芝生に囲まれたゴシック様式の大聖堂の中には、『高慢と偏見』の著者、ジェーン・オースティンも眠っているが、図書室の『ウィンチェスターバイブル』(12世紀) は一見の価値がある。美しく彩飾された中世の聖書には、人の心を惹きつけるものがある。高い天井を眺め、あるいは美しいステンドグラスに目を凝らし、そして会堂のなかでぼんやりと過ごすのも良し、外に出て芝生に腰を下ろし、塔の彼方の流れる雲に、身を委ねるのも良いだろう。気がつくとあっという間に2時間、3時間は経っていよう。

ウィンチェスターには、連合王国最古のパブリックスクールであるウィンチェスターカレッジもある。これは、ウィリアム・オブ・ウィッカム司教 (William of Wykeham) が1382年に創立したもので、学校のモットーは「礼節人をつくる (Manners Makyth Man)」であった。当初は貧しい少年達を主体に、宗教家と政治家の育成をめざしたが、現在ではイートン、ハロー、ラグビー等と並ぶ有名校となっている。

征服王が建立したウィンチェスター城は、大広間 (The Great Hall) を除いて、当時の建物はほとんど何も残っていない。この大広間の西側の壁には、オーク材の円卓 (RoundTable) が架けられているが、これこそ、ランスロットやガラハッド等のアーサー王の騎士達 (The Knights of the Round Table) が囲んだといわれる伝説の円卓である (実際には、円卓中央にあるチューダーローズから見て、15、16世紀頃のものと思われる)。

ウィンチェスターを後にする時は、Broadwayを通ることをお勧めする。アルフレッド大王の銅像と、サヨナラをすることができるからである。

ファウンテンズ・アビー

ヨークから、A59を北西に辿り、HarrogateでA61に入り、約12マイル北上すれば、まもなくファウンテンズ・アビー（Fountains Abbey）に着く。連合王国の大修道院はほとんどが廃墟となっているが、これは16世紀にヘンリー8世が、連合王国国教会を設立した時、当時の大修道院を軒並み打ち壊し、所領を没収したことが原因である。ファウンテンズ・アビーは連合王国に数ある大修道院の廃墟の中で、もっとも完全な姿を今に留めている好例である。ナショナル・トラストが管理している入口をくぐれば、まず17世紀に建立されたFountains Hallが目に入る。この正面はなかなかの迫力がある。しかし、この建物の石材の多くは、実は大修道院の廃墟の中から切り出されたものなのだ。ちなみにヨーロッパでは、昔の石材を新しい建築物に転用するのは常識であり、あのローマのコロッセオが廃墟と化したのは、蛮族の襲撃、略奪によってではなく、ローマ市民が長年にわたって石材をコロッセオから切り出したことが主因と見られている。Fountains Hallを過ぎて林の中の坂道をSkell川の方に下っていくと小さなミュージアムがあり、中には、大修道院の大きな復元模型が展示されている。ファウンテンズ・アビーは、シトー派の典型的な遺構であり、高い塔を持つノルマン様式の教会、きわめてめずらしいその内陣（chapel of the nine altars、この形態はダーラムの大聖堂が後に模倣《もほう》した）、広大な回廊（cloister）、ノルマン様式の美しいアーチの入口を持つChapter House、それにCellariumの雄大な丸天井等、廃墟といえども1時間では見学できないほど見所は多い。もちろん、Skell 川のほとりでピクニックを楽しむのも良い。大修道院の廃墟と森の緑が成すコントラストはすばらしいの一語に尽きる。しかしファウンテンズ・アビーの魅力はまだほかにもあるのだ。Skell川に沿ってさらに進んで行くと、Studley Royalと呼ばれる美しい庭園が現れる。18世紀に作られたこの庭園には運河に沿った下の道と、High level Walkと呼ばれる丘の中腹の道の2つがあり、後者を辿っていくとファウンテンズ・アビー全景を見わたせるAnne Boleyn's Seatという絶好の展望所から、典雅なTemple of Fame、Octagon Tower、それにトンネルを経て、人工滝（Cascade）と、それに続く湖のほとりに出る（下の道も同様にCascadeに通じている）。ここがStudley Royalの入口なのだ（ファウンテンズ・アビーの入口とは約1マイル以上離れている)。一休みして、入口近くのティールームでアフタヌーンティーを楽しもう。入口の手前は公園になっており、沢山の鹿が群れ遊んでいる。この公園には小さなSt.Mary's churchがあるが、教会前の小道は、一直線に約5マイル先のRiponの町の大聖堂まで続いている。その眺めは壮観である。

11 ドイツ

日本生命のロンドン現法時代、コペンハーゲンでの仕事を終えてから、夜行列車でベルリンへ向かいました。2泊3日の週末弾丸旅行です。

ムゼウムスインゼル（博物館島） 古代ローマよりすごい西アジアの遺跡

朝8時頃にベルリンに着き、まずムゼウムスインゼル（博物館島）に行きました。博物館島は、ドイツの首都ベルリンの中心部、シュプレー川の中洲にある博物館群で、約1平方キロメートルの島に5つの大きな博物館が集まっています。この旅のお目当てはそのうちのひとつ、ペルガモン博物館でオリエントの宝物を見ることでした。

古代ギリシャの都市ペルガモンの名前を冠したこの博物館は、主に3つの部門から構成されています。古代オリエント部門、古代ギリシャ・ローマ部門、イスラーム美術部門です。

まず有名なのは、紀元前2世紀のペルガモンの大祭壇でしょう。高さ約35メートル、幅約40メートルの祭壇をペルガモンから持ってきて再構築したのです。

ゼウスとアテナに捧げられたもので、フリーズ（帯状装飾）にはギリシャ神話の巨人族との戦いを描いた浮き彫りが施されています。ペルガモンは、小アジア半島（現在のトルコの西部）のエーゲ海沿岸から内陸に入ったところにある古代都市で、紀元前3世紀から紀元前2世紀にかけてペルガモン王国の首都として栄えました。

また、バビロンのイシュタル門も再構築して展示されています。この門は紀元前6世紀、新バビロニア王国のネブカドネザル2世の時代に建造された、高さ約14メートル、幅約30メートルとやはり巨大な門です。青い釉薬を施したレンガで装飾され、ライオンやドラゴンなどの神獣が描かれています。新バビロニア王国の首都バビロンはユーフラテス川沿いに位置し、現在のイラク中部に

ペルガモンの大祭壇

ありました。商業と文化の中心地として発展し、イシュタル門や空中庭園などの壮大な建造物で知られています。バビロンはバビロニアによって滅ぼされた古代アッシリアの首都ニネヴェと並んでメソポタミア文明圏、古代オリエント世界を代表する重要な文明の中心地でした。

ここにあるすべての展示品が完全な形で発掘されたわけではありません。多くは断片的な状態で発見され、あとで復元されたものです。でもいずれにしても、イシュタル門などはその巨大な建築物を西アジアからわざわざ持ってきて再構築しています。

イシュタル門は1899年から1917年にかけ、ドイツの考古学者ロベルト・コルデヴァイによって発掘され、当時のオスマン帝国との協定によってドイツに搬送されました。展示にはオリジナルのレンガが使用され、門に続く行進通り（プロセッション通り）の一部も再現さ

イシュタル門

れています。行進通りは総延長が約250メートルにも及んだと言いますが、博物館ではスペース的な限界からイシュタル門を通り抜けたあと約30メートル分を実際に歩けるように再現しただけです。しかし、それでも圧倒されます。とにかく美しく、すばらしい。

なにしろネブカドネザル2世の治世（紀元前605年～562年）の最盛期のバビロンの人口は約20万人から30万人程度と推定されており、これは同時代ではおそらく世界一の人口だったと思われます。

当時の西アジアは、とんでもなくすごかったと言わざるを得ません。バビロン最盛期以前には、同じく西アジアにある古代アッシリアの首都ニネヴェが当時世界最大の都市だったと思われますが（推定人口12万人）、ニネヴェの遺跡の発掘品は大英博物館で見ることができます。あちらも信じられないほどに造形的に完成されています。

僕がペルガモン博物館に行って感じたのは「待てよ、古代ローマのコロッセオやパンテオンが作られたのは紀元100年前後で、バビロンのほうが何百年も古いのに、よっぽど大きいやないか」ということです。古代メソポタミアの巨大遺跡と比べると、あのローマですら箱庭に見えてしまいます。もちろん古代ローマの遺跡もすばらしい。しかし西アジアの遺跡はそれよりもさらにひたすら大きく、たくましい！

バビロンのイシュタル門の建造は紀元前575年頃で、コロッセオやパンテオンより675年ほど早いのです。今から675年前は1350年頃ですからヨーロッパは百年戦争、日本では南北朝時代です。そんな昔の人が、今の自分たちよりも巨大で芸術的にもすぐれたものを作っていたら、果たしてどう思うでしょうか。もちろん古代ローマ人はその目でイシュタル門を見ることはなかったわけですが、きっと腰を抜かしていたでしょう。

ちなみに、巨大さだけでいえば中国はさらに大きいです。

中国の秦王朝の初代皇帝である始皇帝（紀元前259年〜紀元前210年）の陵墓は、東西約350メートル、南北約345メートル、高さは現在約76メートル（当初は推定115メートル）の人工の山で、敷地面積は約56平方キロメートルに及びます。有名な兵馬俑坑《へいばようこう》には第1号坑だけでも約6000体の等身大の兵士と馬の陶俑があり、物量がケタ外れです。とはいえ文字で「何メートル」とか「何平方メートル」と言ってもあまりピンときませんね。こればかりは実際に行ったほうが「こんなにデカいんか」と空間的に体感できます。

カーデーヴェー　ベルリンの肉は美味

午前10時から午後3時くらいまでペルガモン博物館を堪能したあと、バスに乗ってカーデーヴェーへと向かいました。

カーデーヴェーの正式名称はカウフハウス・デス・ヴェステンス（Kaufhaus des Westens）、ドイツ語で「西の百貨店」を意味します。ヨーロッパ最大級を誇る百貨店です。カーデーヴェーは１９０７年に革新的な大型百貨店として開店し、高級品を扱ってベルリンの上流階級の顧客を中心に人気を博しました。第二次世界大戦中には連合国軍の空爆により大部分が破壊されましたが、１９５０年に再建されて西ベルリンの富の象徴となりました。

地上7階、地下1階の8階建ての建物には約38万点の商品が並び、1日の来店客数は約5万人に上ります。6階と7階の食品売り場は「美食の殿堂」として有名で、6階には約１１０のカウンターがあり、世界中から集められた高級食材や調理済み食品が販売されています。最上階の7階にはレストランやカフェが集まっており、ベルリンの町並みを一望できる大きなガラス張りの窓とテラスが特徴です。

ここに肉や果物、野菜を買うとその場で調理してくれるという、面白いスタイルで営業しているレストラン（イートイン）がありました。ステーキ肉やハム、ソーセージをグラム単位で売っているのですが、このとき僕はビーフステーキを５００グラム食べました。ベルリンは屋台を含めて質の良いお肉屋さんがたくさんありますから、肉好きにはいい町です。

なお、カーデーヴェーは２０２４年には破産手続きの開始を申請し、承認されたと発表しました。営業を継続しながら自主再建を行うとしています。

アルテマイスター絵画館「眠れるヴィーナス」を訪ねて

ベルリンから電車で約2時間かけてドレスデンに移動し、旅の2日目が始まりました。ゲーテ街道の終着点でもあるドレスデンは、ドイツ東部にあるザクセン州の州都で、エルベ川沿いに広がっています。人口は約55万人です。

ドレスデンは１４８５年にザクセン選帝侯国の首都となり、18世紀にはアウグスト強王の治世下で文化的な黄金期を迎えて宮殿や庭園などが建造され、「エルベのフィレンツェ」と呼ばれるほどの美しい都市に発展しました。第二次世界大戦中の１９４５年には連合軍の大規模な空襲を受け、市街地の大部分が破壊されましたが、戦後、東ドイツ時代に社会主義体制下で歴史的建造物の再建が進められ、１９９０年のドイツ再統一後はさらなる復興と発展を遂げています。今でもかつてのザクセン王朝の栄華を伝える、バロック建築に囲まれた旧市街の町並みが魅力です。

僕のお目当てはアルテマイスター絵画館。18世紀初頭に建てられた、ドイツバロック建築の最高峰と呼ばれる美しいツヴィンガー宮殿内に位置する美術館です。アルテマイスター絵画館の歴史は16世紀のザクセン選帝侯アウグスト1世の時代に遡りますが、現在の美術館の建物は1855年に完成しました。約750点の絵画が常設展示されており、コレクションは主に15世紀から18世紀のヨーロッパ絵画で構成され、イタリア・ルネサンス、フランドル絵画、ドイツ・ルネサンスの作品が充実しています。有名な所蔵品としてはラファエロの「システィーナのマドンナ」、フェルメールの「窓辺で手紙を読む女」、レンブラントの作品などがあります。

僕のお目当てはジョルジョーネの「眠れるヴィーナス」。こ

ジョルジョーネ「眠れるヴィーナス」

の作品は1510年頃に制作がはじめられ、ジョルジョーネの死後、ティツィアーノによって完成されました。裸婦が屋外の風景の中で横たわる構図はこの作品が最初のものとされ、のちの「横たわるヴィーナス」の図像の源流となりました。さまざまな画家によって同じモチーフ、似た構図で、寝そべる女性の姿の絵が幾度となく描かれています。もっとも有名なのはティツィアーノの「ウルビーノのヴィーナス」、マネの「オランピア」、ゴヤの「裸のマハ」「着衣のマハ」などですね。ジョルジョーネの作品は、その後の絵画のひとつの規範となったと言えます。完成されたものだったからこそ、真似しよう、超えようと大画家たちが挑み、何十作品も同じ構図の作品が描かれてきたのです。絵画の歴史においてこれほどまでに模倣された絵は、おそらく皆無に近いと思います。

僕はジョルジョーネをたっぷりと時間をかけて見て、日曜日の最終便に乗り、飛行機でロンドンに戻りました。

ヨーロッパの地方都市を訪ねて――ドイツ編

バーデン・バーデン

フランクフルト中央駅から、国鉄で約2時間弱南下すれば、そこはもうバーデン・バーデン（Baden-Baden）である。ドイツではBadのついた地名が多いが、これは英語のBathに相当する。すなわち温泉保養地である。Badの動詞がBadenで、バーデン・バーデンを日本語に直すと温泉の中の温泉とでもいうことになるのだろうか。

19世紀に大きく発展したバーデン・バーデンは人口約5万人、かつては全ヨーロッパの夏の首都と呼ばれていたこともある。つまり昔は王様が全員バーデン・バーデンに避暑に来ていたということなのだ。しかし、この町の歴史は、けっして新しいものではない。ローマ帝国の時代、バーデン・バーデンはすでに温泉保養地として名を馳せており、ローマ皇帝カラカラは、リューマチの療養のため、バーデン・バーデンをたびたび訪れている。カラカラ帝は悪逆無道な皇帝として有名だが、温泉はよほど好きだったとみえて、今でもローマには、カラカラ帝の手になる大浴場跡が残されている。19世紀のバーデン・バーデンには、王様だけではなく、いろいろな人々が集まってきた。温泉にカジノはつきものだが、あのドストエフスキーがバーデン・バーデンの賭場でお金をすった話はよく知られているとおりである。

バーデン・バーデンは、何よりも保養地なのだから、少なくとも1泊することをおすすめしたい。このような町では、たまには奮発して一流のホテルを予約してみよう。たとえばブレナーズパーク（Brenners Park）ホテル。敷地の中をオース川（Oos bach）が流れるブレナーズパークは、本当に居心地の良いホテルである。ホテルに着いたら、まず美しい室内プールで一泳ぎして、旅の疲れを流してしまおう。それから優雅なカジノを眺めながら市街地をゆっくりと散歩する。あるいは十分に元気ならオース川に沿って公園の中をジョギングするのも良いだろう。また水着をもってカラカラ浴場（Caracalla Therme）に行くのも楽しい。ここは、いわば大温泉レジャーランドであり、プール、サウナをはじめとしてあらゆる施設が整っている。

バーデン・バーデンのもうひとつの良い所は、観光のベースキャンプとして、どこに行くのにも交通に便利という点にある。アルザスの中心都市ストラスブールには鉄道で約40分、スイスのライン川に面した港町バーゼルには鉄道で約1時間半で行ける。

それにバーデン・バーデンは、黒い森の入口に近いのだ。南ドイツの黒い森、シュバルツ・ヴァルトの中心都市のひとつフロイデンシュタット（Freudenstadt）までわずか57キロメートルの距離である。レンタカーを借りてシュバルツ・ヴァルトをのんびりとドライブしてみたい。深い森のドライブは、連合王国の牧草地のドライブとは、また違った趣があることにあなたはすぐ気付くだろう。道端の小さい村で名産の鳩時計をじっくりと品定めするのもまた楽しい。

12 ギリシャ

アクロポリス　実は色彩豊かな古代ギリシャ

ギリシャを訪れたほとんどの人は、ギリシャ共和国の首都アテネに、というより古代アテネ（アテナイ）の城塞遺跡アクロポリスへと向かいます。ご多分に漏れず僕もそうでしたが、まずは市内でもっとも高い場所にある標高277メートルの岩山、リカヴィトスの丘にのぼりました。

この非常に美しい丘はアテネ中心部にあり、松の木々が茂る緑地となっています。急な坂道を20分ほど歩くと、頂上には1870年に建てられた、白壁がまばゆい聖ゲオルギオス教会があります。その周辺からアテネの町並み、アクロポリス、サロニコス湾、そして天気の良い日にはエーゲ海の島々まで見渡すことができます。

ここでアテネ市内を一望したあと、僕はアクロポリスへ足を向けました。場所はアテネ市街地南西部。市内のどこからでも見られる石灰岩の丘の頂上に広がっています。高い場所に建てられたのは神々を祀る聖域としての役割だけでなく、自然の要塞として侵入者を防ぐ目的もあったからです。「アクロポリス」はギリシャ語で「高い町」を意味し、多くの古代ギリシャの都市にアクロポリスが存在しましたが、固有名詞で「アクロポリス」と言えばアテネのものを指します。アクロポリスをさらに上から眺めてみたかったから、僕はリカヴィトスの丘へとまず向かったのです。

アテナイにポリスができたのは紀元前8世紀後半のことですが、紀元前5世紀初頭に起きた古代ペルシャ帝国との戦い（ペルシャ戦争）でアクロポリスは一度荒廃しています。今も残る主な遺跡が作られたのは、アテナイの最盛期である紀元前4、5世紀頃です。このときパルテノン神殿なども建てられました。

アテナイに残る神殿や劇場は、権力者の宮殿とは違って、市民のための公共建築物である点が特徴です。

パルテノン神殿は守護神アテナに捧げられた戦勝記念堂で、紀元前432年に完成しました。高さ12メートルのアテナ像が置かれ、外側は50本近い柱で囲まれています。かつては色鮮やかな彫刻で装飾されていましたが、その多くは持ち去られ、現在は大英博物館で見ることができます。

また、実は「大トルコ戦争」（1683年～1699年）中の1687年にパルテノン神殿は大破しています。この時期はオスマン帝国がヨーロッパに進出し、ギリシャ一帯も支配していました。パルテノン神殿はオスマン帝国軍によって火薬庫として使用されており、ギリシャ領有を狙うヴェネツィア共和国軍の砲弾を受けて火薬が誘爆したのです（ちなみにヴェネツィアはオスマン帝国以前にギリシャを支配しており、奪還戦でした）。この爆発により、それまで比較的良好な状態で保存されていたパルテノン神殿の中央部は大きく崩壊しました。そのころから現在に至るまで修復、再建作業が続けられているのです。

僕が気に入ったのはヘロディス・アッティコス音楽堂です。アクロポリス南西の斜面に紀元161年に建設された古代ローマ時代の劇場で、元々は収容人数約5000人、3階建ての屋根付きの音楽堂でした。その名はローマ皇帝マルクス・アウレリウスの弁論の師匠でもあっ

パルテノン神殿

たアテナイの名門出身の政治家（ローマ元老院議員）からとられています。大富豪であった彼が、この劇場を寄贈したのです。舞台と観客席は半円形状に配置され、各席からはパルテノン神殿やアテネの町並みも眺望できます。ローマ時代の劇場建築の特徴を今に伝えるこの劇場では、当時使用されていた大理石の座席の一部が現在も残されています。

3世紀にヘルール族の侵入で破壊されたあとは長く廃墟となっていましたが、1950年代に大規模な修復が行われ、1955年からアテネフェスティバルの主要会場としても使用される、野外劇場として生まれ変わりました。電気的な音響装置がなくても、劇場の最後列まで声や音が明瞭に届くよう設計されています。古代ギリシャ・ローマの驚くべき技術力です。

アテネのアクロポリスは、いまでは真っ白なイメージ

ヘロディス・アッティコス音楽堂

が強いですが、もともとは極彩色だったと考えられています。法隆寺五重塔などと同じで、風化によって色が落ちたのです。このあと紹介するクノッソス宮殿から見つかっている約3500年前に描かれたフレスコ画を見ても、彼の地の芸術は本来、色彩ゆたかなのです。

「ギリシャ文明は白人アーリア人によって発明された」という典型的なイメージに挑み、アフリカと西アジアの古代ギリシャへの影響を示して論争を巻き起こした、マーティン・バナールの『黒いアテナ　古典文明のアフロ・アジア的ルーツ』（2004年）という本があります。古代にはギリシャ古典文化の起源はエジプト（アフリカ）とレヴァント（フェニキア）にあると考えられていたのに、近代以降のヨーロッパは「ギリシャ文化は北方から侵略したアーリア人がギリシャを征服して独自に作り上げた文化だ」という白人中心、西洋中心的な考えを広めていきました。しかし後者の「アーリア・モデル」は誤りであり、前者の「古代モデル」をリファインして歴史を考えるべきだ――これがバナールの主張です。

『黒いアテナ』は「聖書の次に議論を呼んだ」と言われるほどの大論争を引き起こし、数々の批判を受けました。とはいえエーゲ海地域と古代エジプトの交流が旧来考えられていたより古く、かつ密接だったことは考古学的証拠によって裏付けられ、また、ギリシャ文明の形成過程もやはりそれまで考えられていたより複雑で、東地中海地域の文明間交流など多文化的な影響関係のもとにあったという基本認識は、今では広く受け入れられています。

古代ギリシャが西洋の白人文明のルーツのひとつとなったことに変わりはありませんが、それと「白い神殿、白い彫刻」と結びつける見方は、今では過去のものとなっています。そもそも白くなかったのですから。

アテネ国立考古学博物館　ヨーロッパ人がギリシャに憧れる理由がわかる場所

次に1889年に開館したギリシャ国内最大規模のアテネ国立考古学博物館に向かい、3時間じっくり見て回りました。この博物館では展示が時代順に配置されており、先史時代から始まり、ミケーネ文明、幾何学様式時代、アルカイック期、古典期、ヘレニズム期、ローマ時代へと続きます。

特筆すべきものには、いわゆる「アガメムノンのマスク」があります。このマスクは薄い金板を叩いて成形する打ち出し技法で作られ、高さ約25センチメートルの大きさのものです。目は閉じ

アガメムノンのマスク

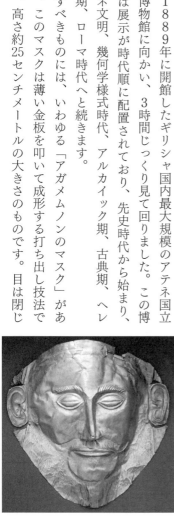

られ、髭を蓄えた男性の顔が写実的に表現され、鼻筋は通り、口はわずかに開いています。耳も細部まで丁寧に作り込まれ、当時の金細工の高い技術水準を示しています。

この黄金の埋葬用マスクは、ミケーネ文明（ミュケナイ文明とも。紀元前1600年頃～紀元前1100年頃）の遺跡の円形墓地から、1876年に考古学者シュリーマンによって発見されました。シュリーマンがトロイア戦争のギリシャ側の総大将である英雄アガメムノン王との関連性を主張したため「アガメムノンのマスク」と呼ばれていますが、現代の考古学研究では、このマスクはアガメムノンの時代（紀元前13世紀頃）よりも約300年以上古いことが判明しています。

ここに来ると、先史時代にギリシャの美術品はすでに完成していたのだなと感服します。紀元前後の古代ローマの造形物も、同時代の日本、つまり弥生時代と比べると信じがたいほどによくできていますが、それすらも古代ギリシャのコピーなのです。もちろん規模でいえばローマのほうが大きいですし、ギリシャとローマの美術はどちらもすぐれています。ミケランジェロをはじめとするルネサンスの芸術家がお手本とし、古代ギリシャに憧憬を抱いた気持ちも、この博物館に来るとよくわかります。

クノッソス　遺跡は住居か死者の宮殿か

アテネを見終えるとギリシャ最大の島、クレタ島に渡りました。島の中北部に位置する、クノッソスの古代遺跡を見るためです。現在のクレタ人は「クレタ島こそエーゲ文明、ギリシャ文明発祥の地である」と誇りにしています。

エーゲ海域に出現したエーゲ文明の中でもっとも早く発展し、古代社会最初の海洋国家を生んだのがクレタ島です。この兵庫県ほどの大きさの島には紀元前３２００年頃から文明が芽吹き、紀元前２０００年から１５００年代にかけて交易で栄え、宮殿と目される建築物をともなう都市クノッソスなどを作っていきました。クノッソスは、現在クレタ島最大の都市イラクリオンから南に約5キロメートルの場所にあります。

クノッソスがもっとも栄えたのはミノア文明の政治的、経済的、宗教的中心地となった中期青銅器時代から後期青銅器時代（紀元前２０００年頃から紀元前１３８０年頃）です。

クノッソスの入口

遺跡発掘の結果、約1300の部屋があったと推測され、紀元前1900年頃に最初に建設されたことがわかりました。紀元前1700年頃に大規模な地震で崩壊したあと、再建されています。その後、紀元前1450年頃にふたたび大規模な災害（火山噴火や地震、あるいは侵略によるものと推測されています）で破壊され、以降ミノア文明は衰退していきました。

クノッソスの考古学的発掘は、1878年に地元の商人ミノス・カロケリノスによってはじめられました。シュリーマンもクレタを訪れましたが、本格的な発掘と復元作業は、1900年から大英帝国の起業家アーサー・エヴァンスによって行われます。シュリーマン同様、紀元前17世紀頃から前12世紀初頭頃までギリシャ本土を中心に栄えた青銅器時代のミュケナイ（ミケーネ）文明に惹かれたエヴァンスは、その起源を解明すべく30年以上にわたってクノッソスの発掘と研究を行い、ミノア文明解明に貢献しました。一方で、エヴァンスが行ったクレタ島の遺跡復元は、当時の考古学的手法としては先進的だったものの、想像に基づく部分も多く、必ずしも歴史的に正確ではないという批判もあります。また、鉄筋コンクリートを山ほど使い、どこからどこまでがもとの遺跡かわかりにくくしてしまった点も問題視されています。

エヴァンスがクレタ島に向かった頃、宮殿の大半は土砂に埋もれていました。紀元前6世紀にはすでに廃墟になっていたようです。

ギリシャ神話にもクノッソス宮殿は登場します。ゼウスとエウロペの息子ミノスがクレタ島の王であり、ミノス王が建てたと言われるのがギリシャ最初の宮殿であるクノッソス宮殿です。ミノス王の妻パシパエが白い牡牛と交わって生まれた怪物がミノタウロスで、ミノス王は建築家ダイダロスに命じて迷宮（ラビュリントス）を建設し、その中にミノタウロスを閉じ込めます。しかしその後、アテネから送られてきた生贄の若者たちの中にテセウスが紛れ込み、王女アリアドネの助けを借りてミノタウロスを退治するわけですね。また、イカロスが脱出したのも、この迷宮からです。建築家ダイダロスはミノス王に息子イカロスともども幽閉され、蠟《ろう》で固めた羽を作って空を飛んで脱出します。しかしイカロスは太陽に近づきすぎて蠟が溶け、海に落ちて亡くなった——。

ギリシャ神話に描かれるクノッソス宮殿とクレタ島で発掘された遺跡の複雑な構造が結びつけられ、「伝説に語られた迷宮はここだったのか」と言われてきました。

もっとも、エヴァンス以降の考古学的な調査で発見された、複雑な間取りを持つ多層階の宮殿建築、壁画や工芸品などの芸術作品、倉庫施設や工房の痕跡、儀式用と考えられる空間の存在などを考えると、クノッソスは幽閉のための迷宮ではなく、政治・宗教・経済の中心としての機能を持つ宮殿複合体だったというのが通説になっています。

ところがドイツの地質学者ヴンダーリヒは、『迷宮に死者は住む　クレタの秘密と西欧の目覚め』（1972年）という著書で、クノッソス宮殿を含む古代地中海の遺跡は宮殿や居住地だという通説に疑問を投げかけ、実際に人が住んでいたとは考えにくい、おそらく死者のための建造物（納骨堂や埋葬施設）だと主張しました。

ヴンダーリヒの仮説は考古学的な証拠による裏付けが不十分だとして学術界では広く受け入れられていませんが、僕はこの「死者の宮殿」派です。考古学ではなく地質学から遺跡にアプローチするという、面白い本です。先ほど触れたバナールの本とともどもぜひ読んでみて、また現地に赴いて、みなさんも考えてみてください。

13 トルコ

ネムルト山

ある年の6月、9泊10日のトルコツアーに参加しました。ネムルト山に行ってみたかったのです。

ネムルトはトルコ南東部の山で、アンティオコス1世テオス(在位紀元前70年頃~紀元前36年頃)が建造した巨大な墳墓と聖域で有名です。アンティオコス1世テオスはコンマゲネ王国の王で、ギリシャの神々とペルシャの神々を融合した独特の宗教を創始し、自らを神格化しました。その墓廟《ぼびょう》や聖域を見に行きました。

僕ら15人ほどのグループはトルコに到着して山の近くで1泊し、午前3時に起床して2時間かけて山をのぼり、午前5時には山頂に着きました。トルコで夜中にひとりで移動するのは難

ネムルト山

しく、そのためツアーで行ったのです。僕が自分で組んだツアーではなく、旅行会社のものでした。

なぜそんな深夜から早朝にかけて登山したのか。朝日を見るためです。未明のネムルト山頂では、神々の巨大な頭部が暗闇の中からのぼる太陽の光を受けてピンク色に染まりはじめ、まるで生命が宿るかのような瞬間を迎えます。これなら王を崇敬する人があらわれても不思議はないだろうという、神秘的な感覚につつまれました。

道中にある、神々をかたどった巨大な石像も見どころです。これらの像はもともと10メートルを超える高さがありましたが、現在は頭部が胴体から分離し、地面に転がっています。

ヴァン湖　もっとも早くキリスト教を公認したアルメニアの教会をトルコに訪ねる

そのあと、琵琶湖の5倍以上の面積をもち、最大深度約451メートルというトルコ最大の湖・ヴァン湖へ向かいました。ヴァン湖はトルコ東部の36万人都市ヴァンの西側にあります。ヴァンは現在のトルコ東部、アルメニア、イラン北西部にかけて栄えたウラルトゥ王国の首都トゥシュパとして紀元前9世紀頃に発展し、その後、実にさまざまな勢力の支配下に置かれてきました。

ヴァン湖には島があり、ここに915年から921年にかけて建てられたアルメニア使徒教会の聖十字架教会があります。トルコとアルメニアはいまでは別の国ですが、かつてこのあたりがアルメニア領だった時代もあるのです。ヴァン周辺はウラルトゥ王国のあとアケメネス朝ペルシャ、アルメニア王国、アラブ帝国（ウマイヤ朝、アッバース朝）、アルメニア人のバグラティド朝、セルジューク朝トルコ、オスマン帝国、トルコと幾度も支配者が変わってきました。

この教会は、アルメニア人が支配していた10世紀のものです。アルメニア建築特有の十字形平面を持ち、中央にドームをいただく構造になっています。外壁には精緻な浮彫りのレリーフが施され、旧約・新約聖書の場面、動植物、王家の肖像などが表現されています。キリスト教の主題とともに、イスラーム美術の影響を受けた植物文様や幾何学的な文様も見られます。

10世紀に作られた古いキリスト教の教会は、なかなか見たことがありません。現存する西洋の著名な教会はもっとあとの時代に作られたものが多いのです。たとえばノートルダム大聖堂は1163年の着工、現在のサン・ピエトロ大聖堂は1506年の着工です。パりで一番古いサンジェルマン・デ・プレ教会は最初の建物は6世紀に作られはじめたけれども、今もある建物の主要な部分は12世紀末に作られています。

なぜここにそんなにも古い教会があるのか。キリスト教を公認した国はアルメニアが世界で最初だったからです。３０１年のことです。ローマ帝国がミラノ勅令で国教化したのは３１３年、その後、西欧でゲルマン諸部族が改宗したのは早くてフランク王国のクローヴィス1世の洗礼（４９６年頃）でしょう。しかし、アルメニアには4世紀に建立された教会すらあるのです。

２０１７年には、ヴァン湖の湖底から中世の城跡が発見されました。この遺構はウラルトゥ王国時代の建造物である可能性が指摘されています。

ヴァン湖にあるウラルトゥ王国の遺跡とアルメニア教会は少なくとも１５００年は時代が離れています。ひとつの湖から、長い歴史の積み重ねが感じられます。

トロイの木馬　有名な史跡なのにがっかり

トルコで有名な遺跡と言えば、トルコ北西部チャナッカレにある古代都市トロイアでしょう。ここにも行きました。

トロイアはエーゲ海に面した丘陵にあり、対岸にはギリシャがあります。トロイアの歴史は紀元前3000年頃にさかのぼり、紀元前12世紀頃まで繁栄を続けました。トロイアはダーダネルス海峡（古代名ヘレスポントス）の交易を支配した、古代世界の重要都市のひとつでした。

この都市が世界的に有名になったのは、言うまでもなく古代ギリシャの詩人ホメロスが著した叙事詩『イリアス』（紀元前8世紀頃）の影響です。この詩には紀元前13世紀頃に起こったとされる、10年にわたるトロイアとギリシャの戦争「トロイア戦争」の終盤51日間の模様が描かれています。

『イリアス』では、トロイア包囲戦のさなかにギリシャ軍総大将アガメムノンが配下の英雄アキレウスから戦利品の女性ブリセイスを強引に奪取します。これに憤慨したアキレウスは自分の軍団とともに戦線を離脱。アキレウスがいなくなったことでギリシャ軍の戦況が悪化する中、アキレウスの親友パトロクロスがアキレウスの武具を借りて戦場に出陣しますが、トロイア軍の総大将ヘクトルに殺されます。この親友の死を知ったアキレウスは怒りと悲しみに叫びながら戦場に戻り、ヘクトルを一騎打ちで討ち取ります。それを知ったトロイアの老王プリアモスが敵陣に単身乗り込み、息子ヘクトルの遺体を返してほしいとアキレウスに嘆願するとアキレウスはこれを受け入れ、遺体を返還することで物語は終わります。

有名なトロイの木馬のエピソードは、さらにこのあと、トロイア戦争の最終局面で起こった出来事です。

城壁に守られたトロイアの攻略に苦心していたギリシャ軍は、指揮官のひとりであるオデュッセウスの提案により、大きな木馬を建造します。その中に精鋭の兵士たちを隠し、残りの軍勢は一度撤退したように見せかけました。

トロイア人たちは、この木馬を戦勝の記念品として城内に引き入れることを決めます。どうもあやしいと感じた神官ラオコーンは警告を発しますが、その進言は聞き入れられません。そして夜になると木馬の中から兵士たちが出てきて城門を開き、潜伏していたギリシャ軍が城内に侵入——こうしてトロイアは陥落します。この過程のくわしい記述は、トロイア戦争から数世紀後の紀元前1世紀頃に書かれたウェルギリウスの『アエネーイス』に初めて登場したと考えられています。

19世紀まで、トロイア戦争の物語は神話や伝説とされ、トロイアという都市の実在自体を疑問視する見方が学界の主流でした。この状況を大きく変えたのが、1870年代にドイツの実業家で考古学者のシュリーマンが行った発掘調査です。シュリーマンは現在のトルコ北西部、ヒサルルクの丘で発掘を行い、複数の文明層を持つ重要な古代都市遺跡を発見しました。

ただ、発見された遺跡には後の研究で少なくとも9つの時代層が存在することがわかっています。それぞれが異なる時代の文明の痕跡を示しており、すべてが「ホメロスがうたった都市トロイアだ」とは言えません。また、ホメロスの記述はどこまでが文学的な修辞でどこまでが歴史的事実なのか、いまだに議論が続いています。さらに言えば遺跡を見つけたことはシュリーマンの功績ですが、彼の発掘方法は乱暴で、多くの重要な遺構を破壊し、真実を見失わせることにも一役買ってしまいました。

実はトロイの木馬はトロイア遺跡に設置されています。しかし見てみて「うーん……」とがっかりしてしまいました。巨大なものを想像していたら、意外と小さいのです。

遺跡自体も、全体では広大な面積があるにもかかわらず、観光客が見学可能な範囲は城塞部分とその周辺にほぼ限られていて、「これがトロイア戦争の舞台か！」といった感動からはほど遠いものでした。

ブリュッセルの小便小僧、コペンハーゲンの人魚姫、シンガポールのマーライオンが「世界3大がっかり」に挙げられていますが、僕はトロイの木馬もかなりの高得点を挙げると思います。

ペルガモン遺跡　すばらしい古代遺跡への複雑な思い

一方、圧倒的にすごかったのが古代都市のペルガモン遺跡です。

ペルガモン遺跡はトルコ西部のイズミル県ベルガマにあり、総面積は約450ヘクタール。ペルガモンは紀元前3世紀から紀元前1世紀にかけてヘレニズム時代のペルガモン王国の首都として栄え、アッタロス朝（紀元前282年～紀元前133年）の時代に最盛期を迎えました。その後、ローマ帝国、ビザンツ帝国時代を経て、14世紀にオスマン帝国の支配下に入りました。

ヘレニズム文化はギリシャの影響も受けていると言われますが、ギリシャの遺跡や美術とは少し違います。東洋と西洋が交わり、融合しています。特にネムルトで見られるものはより東洋的で独特です。対してペルガモンは美術的、文化的にヘレニズムとローマが融

レプリカのトロイの木馬

合したものが多く見られます。

ペルガモンは古代世界の重要な学術・芸術センターのひとつで、アレクサンドリアに次ぐ古代世界第2の規模を誇った図書館には約20万巻の蔵書がありました。

1878年からドイツの考古学者カール・フマンらによって本格的な発掘が行われました。その過程で多くの彫刻や建築部材がドイツに持ち出され、ベルリンのペルガモン博物館に展示されています。僕はペルガモン遺跡のほうを先に見てから、ごっそり運び出されたものを見たくてベルリンに行きました。

かつての西洋人は「これは美術的、文化的に重要だ」と思ったものを当たり前のように自国に持って帰りました。大英博物館にもアテナイのパルテノン神殿から持ち出された大理石の彫刻群エルギン・マーブル（パルテノン・マーブル）など、各国から収奪・購入した無数の遺物や宝物が展示されています。一番よいものは現地にもうないのです。それでも持ち運べないほど巨大なものなどは残っています。そしてそれだけでも十分に美しい。ですから「ペルガモン博物館を見たらペルガモン遺跡を見なくていい」とはなりません。現地に行く価値はあるのです。

本当は今からでも現地に返せばいいと思いますが、そう簡単にはいきません。というのも、多くの収集品は当時の統治者（たとえばオスマン帝国）から許可を得て持ち出されたとされ、形式的には「合法的な取得」という主張がなされています。また、大英博物館やルーヴル美術館などは自らを「普遍的博物館」と位置づけ、世界の文化遺産を人類共通の財産として保管・展示する使命があるという立場を取ってもいます。さらに連合王国の場合は大英博物館法により収蔵品の返還が法的に制限されているなど、各国の法制度が返還を困難にしている面もあります。

けれども、持ち去られた側の遺跡と持ち去った側の博物館を両方見ると、やはり複雑な思いはあります。

エフェソス遺跡　古代都市のスケール感に圧倒される

ペルガモンよりもさらに圧倒されたのが、エフェソス遺跡です。トルコ西部のセルチュク近郊にある、古代世界最大級の都市遺跡のひとつです。

エフェソスは紀元前11世紀頃、ギリシャの植民都市として始まりました。その後、リディア王国、ペルシャ帝国、マケドニア王国、セレウコス朝、ペルガモン王国、ローマ帝国、ビザンツ帝国と支配者が変わり、各時代に繁栄を誇りました。ローマ時代（紀元前1世紀〜

紀元3世紀）には小アジアの主要都市のひとつとして最盛期を迎え、人口は推定20万人に達したとされています。共和政ローマ最末期に第二回三頭政治の一頭として権力を握ったマルクス・アントニウスがプトレマイオス朝エジプトの女王クレオパトラとともに滞在した地であるなど、歴史の舞台にもなってきました。

エフェソス遺跡の主要な見どころには、まず紀元110年頃に建設されたローマ建築の傑作ケルスス図書館があります。これは「アレクサンドリア図書館」「ペルガモン図書館」とともに「古代世界三大図書館」とされますが、現存するのはこのケルスス図書館のみです（ただし20世紀に発掘・修復作業が行われたものです）。

それから紀元前3世紀に建設され、ローマ時代に拡張された、約2万5000人を収容できた大劇場も有名です。ここは使徒パウロが説教を行った場所としても知られています。古代世界の七不思議のひとつに数えられた巨大なアルテミス神殿は現在

エフェソスのケルスス図書館

ほとんど残っていませんが、基礎部分から規模の大きさを想像できます。

ほかにもローマ皇帝ハドリアヌスを祀った神殿や、紀元431年に重要な神学論争が行われ、マリアを「神の母」(テオトコス)と呼ぶべきか「キリストの母」と呼ぶべきか、またイエス・キリストの神性と人性の関係をどう解釈するかなどが論じられたエフェソス公会議が開かれたマリア教会もあります。

さらにアルテミス信仰の中心地として宗教的にも重要な場所であり、加えて聖母マリアが晩年を過ごしたと伝えられる場所でもあり、使徒ヨハネや使徒パウロが訪れたとされる初期キリスト教の重要な布教地でもありと、エフェソスは史跡に事欠きません。

ペルガモンもエフェソスも、ヘレニズム様式とローマ様式の融合という特徴は同じですが、このように規模はエフェソスの方がずっと大きいのです。

見学可能な範囲だけで比較するとトロイアはアテネのアクロポリスよりも小ぶり、ペルガモンはトロイアよりもずっと大きく、エフェソスはさらに一層巨大です。そのスケール感と造形的な完成度は、現地で見るべき価値があります。

アヤソフィア　トルコの重要なモスクにして、古くはギリシャ正教の中心地

遺跡めぐりのあとはイスタンブールへ向かいました。

イスタンブールはヨーロッパ側（バルカン半島）とアジア側（アナトリア半島）を結ぶ交差点に位置し、両大陸の架け橋となる戦略的要衝として歴史的に重要な位置を占めてきました。古代・中世にわたってビザンツ帝国（東ローマ帝国）の帝都コンスタンティノープルとして栄えてきたこの都市は、１４５３年にメフメト2世率いるオスマン帝国に征服されると、イスラームの都イスタンブールへと姿を変えていきます。

オスマンはその後も勢力を拡大し、18世紀にも依然として三大陸にまたがる広大な地域を支配していましたが、18世紀末にはヨーロッパ諸国の軍事技術の発展や産業革命による工業化についていけなくなり、地中海での影響力を大きく失っていきます。さらに19世紀に入るとバルカン半島を中心に帝国内の諸民族が次々と独立を求めて蜂起し、ギリシャ、セルビアなどが独立を果たします。20世紀にはドイツ側について第一次世界大戦に参戦するも敗北し、セーヴル条約（１９２０年）で事実上解体されます。その後、ムスタファ・ケマル・アタテュルク率いるトルコ民族主義運動によって１９２２年に君主制（スルタン制）が廃止され、１９２３年にトルコ共和国が成立、首都もイスタンブールからアンカラへと

移りました。これがトルコ小史です。

イスタンブールといえば、旧市街にあるアヤソフィア・ジャーミイが外せない見どころです。アヤソフィアはギリシャ語の「ハギア・ソフィア」に由来し、「聖なる知恵」を意味します。

東ローマ帝国のコンスタンティヌス大帝とテオドシウス2世によって建てられた2つの教会の跡地に、皇帝ユスティニアヌス1世が532年から537年にかけて建設したのがハギア・ソフィア大聖堂です。557年の大地震によるドームの破壊、8世紀から9世紀頃に起きた聖画像破壊運動（イコノクラスム）によるキリスト教のモザイク壁画の損傷などがありましたが、そのたびに修復されています。

1453年にオスマン帝国がコンスタンティノープルを征服した際、メフメト2世がモスクに改装し、塔の上からムスリムに礼拝を呼びかけることに使われるミナレット（尖塔）を4本

アヤソフィア

追加する一方で、内部のキリスト教的要素の多くを覆いました。アヤソフィアと呼ばれるようになったのもオスマン帝国時代です。1934年、トルコ共和国の初代大統領ムスタファ・ケマル・アタテュルクの決定により博物館となり、覆われていたモザイク画やフレスコ画の多くが修復され、公開されました。しかし2020年、トルコ政府の決定によって博物館時代は終わり、現在は再びモスクとしての機能を取り戻しています。

アヤソフィアはビザンツ建築の最高傑作とされ、巨大なドームを支える複雑な構造や、内部空間の広大さが特徴です。内部は金のモザイク、大理石の柱、美しいフレスコ画で装飾されています。キリスト教にとっては1000年以上にわたる東方教会、いわゆるギリシャ正教の中心地であり、イスラームにとってはオスマン帝国の重要なモスクのひとつという稀有な場所でもあります。

ブルーモスク　アヤソフィアと合わせて見たい「世界一美しいモスク」

トルコのイスタンブール旧市街にあるスルタンアフメト・モスクは、一般的には「ブルーモスク」として知られています。この呼称は内部を飾る2万枚以上の手作りのイズニク・タイルが織りなす青と緑の色彩に由来します。正式名称のほうはその建設を命じたオスマン帝国第14代皇帝アフメト1世にちなんでいます。「世界でもっとも美しいモスク」と評されるここも、ぜひ見ておきたい名所です。

アヤソフィアは532年から537年に建設されましたが、ブルーモスクは1609年から1616年に建設されています。だいぶ間が空いていますが、実はブルーモスクはアヤソフィアを意識して設計されています。

アフメト1世は13歳と若くして即位したこともあり、自身の統治の正統性を示す必要がありました。そのため、アヤソフィアを超える壮大なモスクを建設することで、統治者としての威信を示そうとしたのです。キリスト教建築の最高峰とされたアヤソフィアに匹敵するイスラーム建築の新たな到達点を示すという宗教的なねらいもありました。たとえばミナレットを6本も持つ点が特徴です。これはメッカのカーバ神殿に次ぐ数です。ふつうのモスクは4本ですから、ここからもブルーモスクはオスマン帝国の権力と威信を示し、「イスラーム世界の新しい中心

6本のミナレットを持つブルーモスク

なんや」と強調する意図もあったことがうかがえます。

モスクは数あれど、ブルーモスクの夜景は格別です。

夜間になると中央のメインドームと6本のミナレットが地上から投光器で照らし出され、青みがかった白色の光で建物全体が浮かび上がります。細身のミナレットの輪郭が夜空に映え、ドームの曲線と尖塔の直線が作り出す光のシルエットが、イスタンブールの夜を彩ります。ブルーモスクは高台に建っていますから、市内のさまざまな場所から見ることができます。特にアヤソフィアとの位置関係によって、ふたつの建物が夜空に浮かび上がる様子は絶品です。

ブルーモスクとアヤソフィアはあわせて見るべきでしょう。

ヒッポドローム　世界帝国の寛容さを体感できる広場

ブルーモスクとアヤソフィアはヒッポドロームと呼ばれた古代ローマ・ビザンツ時代の競馬場跡にあります。ヒッポドロームはオスマン時代には祝祭の場として、武芸の披露や民衆へのピラフ（食事）の提供、銀貨のばらまき、ダンスや奇術が行われていました。現在はスルタンアフメト広場として整備されています。

現在の広場には、古代からの重要な遺物が残されています。エジプトのルクソールにあったヘリオポリス太陽神殿から運ばれた紀元前15世紀のオベリスク（テオドシウスのオベリスク）はファラオのトトメス3世（在位紀元前1479年〜1425年頃）の時代に建立されたものです。また、古代ギリシャのデルフィから運ばれた三頭蛇の柱（紀元前479年頃制作）や、コンスタンティヌスのオベリスク（石積みのオベリスク）が残されています。

スペインのメスキータは、建物はイスラーム時代のものが残っていますが、それ以外の多くの要素はキリスト教のものに変えられています。ところがアヤソフィアはキリスト教の建物が残っているばかりでなく、イスラーム政権時代にも覆い隠していただけでキリスト教のモザイク画も残っています。でも、イスラームでは偶像崇拝を禁じていたはずですよね。また、ヒッポドロームには多神教のエジプトやギリシャの神様に関するものがあります。こちらも本来ならイスラームでは破壊の対象になるはずです。

オスマン帝国がいい加減だったから遺したのでしょうか。そうではありません。世界帝国はもともとそういうものなのです。

オスマン帝国は、民族的に見てもトルコ人のみならずアラブ人、アルバニア人、ギリシャ人、クルド人、セルビア人など多民族が活躍していました。宗教政策においても、世界帝国としての理念を優先し、異教徒との間に余計な軋轢《あつれき》を生むようなことはあまりしなかったのです。もちろん時代や統治者、地域によって統治方針に差異はありましたが、基本的には改宗を迫ったり、異教徒があがめているものを破壊したりはしませんでした。非ムスリムにもジズヤ（人頭税）さえ払えば、一定の制限のもとで諸権利を認めてきました。だからアヤソフィアもヒッポドロームも残りました。キリスト教国のほうがよほど支配地域の民衆の宗教的自治に対して不寛容で、たとえばイベリア半島がカトリック両王によってレコンキスタが達成されると、スペイン王国はムスリムもユダヤ人も追放しています。

トプカプ宮殿博物館　アレクサンドロスの石棺の謎

イスタンブール旧市街にあるトプカプ宮殿は、博物館として収蔵物が面白く、建物としても興味深いところです。

トプカプ宮殿の建設はコンスタンティノープルを征服して首都イスタンブールへと転じさせたオスマン帝国のメフメト2世によって1460年にはじめられ、1478年に完成しました。その後、約400年間にわたってオスマン帝国のスルタンの居住地および政治の中心地として使用されました。各時代に増築や改修が行われ、イズニク・タイルや金箔を使った装飾、精緻な木彫り、そして庭園設計などが特徴的な建物になっています。

19世紀半ばに宮廷がドルマバフチェ宮殿に移るまで、トプカプ宮殿はオスマン帝国の権力の象徴であり、最盛期には4000人以上が居住していました。1924年からは博物館となっています。

博物館にはスルタンの妻や子供、母親、そして宮廷女官が住んでいたハーレムや、オスマン帝国の豪華な宝物、預言者ムハンマドの遺品といったイスラーム教の聖遺物、宮廷の膨大な調理器具や食器類、オスマン帝国の武器や鎧のコレクションなどが展示されているのですが、中庭にある建物に大理石製の「イスカンダルの石棺」もあります。

イスカンダルの石棺は、シドン（現在のレバノン）から出土した、紀元前4世紀後半制作のヘレニズム時代の石棺です。1887年にオスマン帝国領であったシドンのネクロポリス（古代の墓地）でほかの石棺群とともに発見されました。表面には色彩が残る精緻な浮彫りが施されており、アレクサンドロス大王（在位紀元前336年～323年）とペルシャ軍との戦いと思しき場面や、ライオン狩りの様子が描かれています。アラビア語で言う「イスカンダル」は「アレクサンドロス」（アレキサンダー）のことです。『宇宙戦艦ヤマト』で地球を放射能汚染から救うコスモクリーナーがあるとされる「イスカンダル」の名前もここから来ています。

　しかしこのイスカンダルの石棺は、なぜここにあるのでしょうか？

アレクサンドロス大王は紀元前323年にバビロンで亡くなります。その遺骸を大王の軍隊が祖国マケドニアへと運ぶ途中、プトレマイオス1世によって夜間に強奪され、エジプトへと持ち去られてしまいました。紀元前321年頃の出来事とされています。なぜプトレマイオスはそんなことをしたのか。アレクサンドロスの死後に後継者争い、覇権争いが勃発していたからです。プトレマイオス1世は、アレクサンドリアで盛大にアレクサンドロスの葬儀を営み、廟を建設して遺体を安置することで、自らが真の後継者だと示そうとしたのです。

　しかしプトレマイオスは遺体を奪った際に、おそらく石棺などのかさばるものはそのまま残した、だからレバノンで石棺だけが見つかったのだろう――かつてはこのように解釈されていました。

イスカンダルの石棺

もっとも、今はこの石棺はアレクサンドロス本人のものではないと考えられています。具体的な被葬者については特定されておらず、現在も研究者の間で議論が続いていますが、それでもこの石棺の制作技術はきわめて高度であり、人物や動物の表現、衣服の襞《ひだ》の表現などに見られる写実性は、ヘレニズム期の彫刻芸術の頂点を示すものです。

バシリカ・シスタン　地下宮殿のような美しい貯水施設

アヤソフィアの南西約150メートルの場所には、巨大な古代地下貯水槽にして高度な濾過システムを備えた水処理施設――しばしばその構造の美しさから「地下宮殿」と形容されるバシリカ・シスタンがあります。

バシリカ・シスタンは東ローマ帝国（ビザンツ帝国）の皇帝ユスティニアヌス1世の治世下で、532年から542年にかけて、コンスタンティノープルの大宮殿や周辺の重要な建物に水を供給するために作られました。336本の大理石の柱が天井を支えていますが、柱の多くはより古い建造物から再利用されたもので、コリント式

バシリカ・シスタンの列柱

やイオニア式の柱頭を持つものが混在しています。よく知られているのは、北西の隅にある2本のメドゥーサの頭部を基部に使用した柱です。ひとつは横向き、もうひとつは逆さまになっています。

バシリカ・シスタンは、オスマン帝国時代になっても使用され続けましたが、17世紀以降はその重要性が低下し、次第に忘れられていきました。１９８７年から大規模な修復工事が行われ、一般公開されています。

僕も巨大な地下空間を支える、メデューサの逆さ柱がやはり気になりました。像が古くなっていらなくなったものを再利用しただけだとか、呪術的な意味があるとか諸説ありますが、なぜ蛇頭の女の巨大な頭部の像をわざわざ逆さまにして配置したのか、理由はわかっていません。

ボスポラス海峡　アジアとヨーロッパを分ける海峡を渡る

夕方6時頃には、フェリーに乗ってのんびりと景観を楽しみました。

トルコのイスタンブールを南北に縦断し、黒海とマルマラ海を結ぶ重要な水路がボスポラス海峡です。トルコのヨーロッパ部分とアジア部分を隔てています。僕はヨーロッパ側からフェリーに乗りました。

イスタンブールのヨーロッパ側とアジア側は雰囲気が違います。国土の面積で言えばアジア側（アナトリア）が約97％、ヨーロッパ側（トラキア）が約3％ですが、アヤソフィアやブルーモスクなど、見るべきだと言われているものはだいたいヨーロッパ側にあります。ヨーロッパ側はビザンツ帝国時代から都市の中心として発展し、オスマン帝国時代にも引き継がれ、スルタンアフメト地区を含む旧市街は古い都市構造を今日まで維持しています。一方でアジア側は、古いモスクなどもありますが、本格的な都市開発は比較的新しい。アジア側のカドゥキョイ地区は19世紀末から近代的な住宅地として開発が始まり、1973年のボスポラス橋開通を機に開発が加速しました。1990年代以降は、新しいビジネス街や高層ビル群がアジア側に数多く建設されています。

ちょうど夕陽が沈む時間帯で、ヨーロッパ側のブルーモスクやアヤソフィアも、アジア側の高層建築も、いずれも見事なまでに美しい夕陽に包まれました。あまりによかったので、対岸に行ってまたフェリーに乗ってみたほどです。

これまでイスタンブールには4度行き、いろいろ名所を見ましたが、天気のいい日の夕陽が一番です。

ドルマバフチェ宮殿　トルコの近代を象徴するもうひとつの宮殿

最後に、やはりボスポラス海峡のヨーロッパ側にあるドルマバフチェ宮殿に立ち寄りました。オスマン帝国の第31代スルタン、アブデュルメジト1世によって1843年から1856年にかけて建設された宮殿は、現在はスルタンの私室や公式の接見室、ハーレムなど、さまざまな部屋を見学できる博物館として一般公開されているほか、迎賓館としても使用されています。当時オスマン帝国の財政は逼迫《ひっぱく》していたにもかかわらず、国の威信をかけ、西洋的な近代化の達成を示す巨大建造物として作られました。

トプカプ宮殿に代わるものとして建てられただけあって、トプカプとはまったく雰囲気が異なります。こちらは伝統的なイスラーム建築の要素を残しつつ、ヨーロッパの宮殿を模した設計――建築様式はバロック、ロココ、ネオクラシックが融合――の折衷《せっちゅう》的なデザインです。大英帝国のヴィクトリア女王からの贈り物とされる、重さ4・5トンもある世界最大級のボヘミアンクリスタルのシャンデリアが飾られ

ボスポラス海峡から見たドルマバフチェ宮殿

た儀式の間が有名です。

大きくてきれいだけれども、クリストファー・クラークの『夢遊病者たち』には「オスマン朝最期の舞台はドルマバフチェ宮殿であった」と記述されています。滅びゆく人たちの空間だったわけです。

ここにはオスマン帝国最後の6人のスルタンが居住し、1922年まで使われました。また、トルコ共和国の初代大統領ムスタファ・ケマル・アタテュルクが1938年11月10日にこの宮殿で生涯を閉じています。ケマルが亡くなった部屋が現在も保存され、時計は彼が亡くなった時刻の9時5分で止められたままです。

毎年11月10日の9時5分になるとトルコ全土でサイレンが鳴らされ、働いている人は建物の前に並び、通勤中や移動中の人はバスや車を止めて外に出て、児童・生徒や学生は学校で、歩行中の人は足を止め、家の中の人は窓際にて敬服し、アタテュルクを偲び黙禱を捧げます。

ドルマバフチェ宮殿はトルコの近代、20世紀を象徴する場所なのです。

最後に、僕の思うイスタンブールのすごさを少しお伝えしましょう。

イスタンブールは、世界最大規模の都だった時代が二度あります。これは実にすごいことなのです。

いま世界一の都市はどこかと言うと、その経済規模や文化の発信地としての活気などから東京、ニューヨーク、ロンドンなどがよく挙げられます。

ローマは世界一だった時が西暦1年頃ですが、6世紀頃にはビザンツ帝国の首都であるコンスタンティノープルが人口50万人以上を擁して世界一の都となります。ユスティヌアヌス1世の時代で、アヤソフィアの建設などが行われた頃です。7、8世紀には人口世界一が唐の長安となり、その後は開封や杭州、北京と中国の都市が続きますが、16、17世紀には世界最大の都はオスマン帝国の首都として再び最盛期を迎えたイスタンブールとなりました。19世紀には産業革命を経たロンドンが世界最大となり、20世紀前半にはニューヨークに取って代わられます。

世界一の都市はおおよそ世紀が変わるごとに変化しています。その中で二度も覇権を握った時代がある都市はめずらしい。それも一度目はキリスト教国として、二度目はイスラーム教国として。

さて、この本で取り上げたいくつかの都市を現在の人口順に並べてみると、次の表のようになります。イスタンブールは、世界の数ある都市の中で、今も格別に巨大な町のひとつなのです。歴史があり、いまも人口が多い都市は、旅をしても刺激的です。

イスタンブールは、伝統と新しさが混じり合った活気にあふれています。

イスタンブール	1500万人
パリ	220万人 (都市圏としては1200万人)
ロンドン	800万人
ベルリン	370万人
マドリード	320万人
アテネ	66万人 (都市圏としては370万人)
ローマ	290万人
リスボン	55万人 (都市圏としては300万人)
ウィーン	190万人
ワルシャワ	180万人
プラハ	130万人
クスコ	43万人

本書に登場する主要都市の人口

ヨーロッパの地方都市を訪ねて――キプロス編

キプロス島

「ヨーロッパの歴史は、国境の変更である」と喝破した碩学《せきがく》がいたが、東西の壁が崩壊した今日、ヨーロッパでもっとも国境を意識せざるをえない町は、おそらくキプロスの首都ニコシア（Nicosia）ではないだろうか。1974年以来、ニコシアにはかつてのベルリンのように北のトルコ系共和国と南のギリシャ系共和国との間に、壁が築かれて久しい。そこで、筆者の最後の担当となる今回の「週末の旅行鞄」では、キプロス島を取り上げてみたい。

読者は、「週末にキプロス島まで?」と訝《いぶか》られるかもしれないが、金曜日の仕事を6時に終えれば、ヒースローで奥様あるいは恋人と待ち合わせて、夜8時35分のブリティッシュ・エアウェイズ（94～95冬の時刻表による）に悠々間に合うだろう。ラルナカ（Larnaca）には翌朝3時すぎに着く。ホテルで一眠りして、日曜の夕方ラルナカを出発するまで、ほぼ2日間、あなたは太陽を存分に満喫できるはずだ（ちなみにキプロスでは1年のうち11カ月が晴天だという。気温は冬でも20℃近くになる)。ところで古代より「芳香の地」と呼ばれてきた桃源郷のようなこの美しい島で、どのように週末を過ごせば良いのだろうか。答えはいたって簡単で、地中海のおだやかな波に洗われる美しい海岸沿いのホテルで、ひねもす昼寝をしていればそれで十分満ち足りよう。けれど、少しは観光も、という読者のために、2つの町を紹介してみたい。ひとつは首都ニコシアである。Museum St. にある Cyprus Museum で1時間も過ごせば、この島がいかに芳醇な歴史を有していたかが瞭然となろう。ヴェネツィア人が築いた丸い城壁内の旧市街には、いくつかの美しい教会(市内最古のビザンツ教会である Chrysal Iniotissa Church など)や、レストランや土産物店が集まっており、Laiki Yitonia 等散策の場所には事欠かないが、ニコシアに来た以上は、南北を隔てる壁のキプロス島唯一のチェックポイントである Ledra Palace を通って、北の共和国に足を踏み入れてみよう。国境の係官は双方とも概して親切であるが、「南」では「北」で買物をしない(お金を落とさない)ようにと忠告される。「北」に入るとタクシーが待っていて、北ニコシアでも、キプロス島で一番美しい港町と言われるキレニア(Kyrenia、ニコシアから車で約20分)でも、どこでもあなたの好きな所に案内してくれる。キプロスは1960年まで英領であったので、英語は万遍なく通じるし、車も右ハンドルである。キレニアの港沿いのレストランでヴェネツィア時代のがっしりとした城塞を眺めながら、昼食をとるのはすばらしい思い出になろう。あるいは、郊外のベラパイス大修道院（Bellapais Abbey）の中にあるレストランでキレニアと真青な海を眼下に見おろして、ランチを取るのも勝るとも劣るまい。ただし、夕刻の定められた時間までに、「南」に戻る必要がある。

もうひとつの町は南西のパフォス（Paphos）である（ニコシアから約１５０キロメートル）。この小さい町は古代の遺跡に満ちあふれている。広大なネクロポリス（Tombs of the kings）、ローマのモザイクや劇場（Paphos Ancient Odeon）、ビザンツの城塞（Saranta Kolones や PaphosCastle）や教会（古代の列柱がある Panayia Chrysopolitissa Church や美しいフレスコ画で知られる Ayia Paraskevi Church）、加えて、絵のように美しい港や海岸線。パフォスを訪れてもう一度キプロス島に戻ってきたいと思わない人はいないだろう。あのアルテュール・ランボーが新しい職場に選んだのはこのキプロス島なのだ。パフォスの絶景は、25キロメートル東の Petra Tou Romiou である。あまりにも有名な「ヴィーナスの生誕の地」。海の泡から生まれた美の女神は、この岬の岩に上陸したという。この岬を少し離れて見渡せば、バラの花が咲き誇るキプロス島の中で、なぜ女神がわざわざこの地を選んだのかが一目で了解されるだろう。

キプロスはまさに文明の十字路であった。ギリシャ、ローマ、それに続くビザンツの支配に終止符を打ったのは我がイングランドのリチャード1世獅子心王であった。キプロス（Limassol Castle）でナヴァラ王国の王女ベレンガリアと結婚式を挙げたリチャード1世は、ただちにフランス出身の十字軍の騎士にこの島を売却してしまった。こうしてリュジニャン家（Lusignan）の支配が始まり約300年続く。その後ヴェネツィア、オスマントルコ、連合王国の統治を経て1960年にキプロスは独立する。しかし1974年、トルコ軍の進駐により国土は二分されてしまった。

ヴィーナスが選んだヨーロッパでもっとも美しい島が、ベルリンの壁の崩壊後も、民族の分断に苦しんでいるというのも、歴史の皮肉なのだろうか。

14　中国（承徳《しょうとく》）

中国には仕事を入れて50回以上行きました。それでもこの国は、あまりに広大です。ですから見ることができたのは、主要な都市に限っても半分ほどでしょうか。

ここでは特に印象的だった承徳旅行についてご紹介します。承徳には、歴史小説家の塚本青史さんと僕で主催していた講座「出口塾」の受講者と２０１６年夏に２泊３日で旅行を敢行しました。

金山嶺長城　万里の長城は「ジャンプ競争」

初日は羽田空港に朝7時10分集合、お昼に北京に着き、バスで夜までかけて承徳へ移動しました。承徳は高層ビルが林立し、繁華街も栄えている近代都市ですが、そこから山の方に行くと厳かな寺院があります。

途中、「もっとも美しい万里の長城」と言われる金山嶺長城《きんざんれいちょうじょう》に立ち寄りました。金山嶺長城は明（１３６８年～１６４４年）の時代の長城の代表です。北京から１３０キロ離れていて、河北省と北京市の境にあります。海外からの観光客は、僕らを除けば歌を歌うヨーロッパ系の3人組がいただけでした。

周知のように、万里の長城は秦の始皇帝が作りはじめたものです。でもその後、複数の王朝が長城を作り、それらがつながって今に至ります。この地域は中国北部の平原と内モンゴルの草原の境界にあり、明代にはモンゴル帝国の後継国家である北元(1368年〜1388年)からの脅威に対する主要な防衛施設でした。材料にその土地のものを使っていますから、場所によって材質が違います。ここの城壁は花崗岩のブロックで築かれ、内部にはレンガや土が詰められていました。

僕らは登山客を運ぶ二人乗りのケーブルカーを使って山頂までのぼりましたが、深い渓谷の中に人家や古い井戸が見えました。もし落ちたら確実に命を落とす状況にもかかわらず、地元の利用者は暑いからかケーブルカーの扉を豪快に開け放ち、楽しげに談話しながら乗っていました。長城に着いたら、周辺の風景があまりに綺麗だったので、思いつきですが、僕を入れてみんなで「どれだけ高く飛べるか」という競争をやりました。めちゃめちゃ楽しかった。

避暑山荘　皇帝の避暑地は第2の首都

2日目は中国最後の王朝である清朝（1636年〜1912年）の皇帝の避暑地、避暑山荘に向かいました。清朝の皇帝たちは夏季にはここで政務を執って外国使節と接見するなど、実質的な第二の首都として機能していました。

避暑山荘の建設は1703年に清朝第4代皇帝である康熙《こうき》帝によってはじめられ、その後、雍正《ようせい》帝と乾隆《けんりゅう》帝の時代に拡張されました。清朝皇帝の主たる宮殿である北京の紫禁城の2倍もの面積があります。

建築様式は漢民族の伝統的な様式とチベット仏教の様式を融合させたものです。今では中国政府がダライ・ラマなどチベットの人たちを弾圧しているイメージがあるでしょうが、中国の権力者たちがいつでも仏教を抑圧してきたわけではありません。中国ではチベット仏教がほ

避暑山荘

とんど国教と言ってよかった時期もあるのです。

チベット仏教は密教の流れを汲んだものですが、7世紀頃に仏教の一派としてインドで誕生した密教はチベットと中国経路で各地に広まり、その影響は広くアジア全域に及びました。先に伝わったのはチベットで、8世紀後半のことです。密教以前の大乗仏教はインドから中国へと、シルクロードを経由して東に伝わりましたが、その後誕生した密教は、険しいヒマラヤ山脈を越えてチベットに行きました。というのも、大乗仏教を伝えたシルクロードの一部（インダス川流域あたり）が8世紀後半にはイスラーム圏になっていて、密教を広めるのに異教徒の支配地域を通っていくより、山を越えたほうがマシだったからです。

当時チベットにあったトゥプトという国には中国の皇女が嫁いでおり、中国から大乗仏教がすでに入っていました。当然「新しいインド仏教（密教）と中国仏教（大乗仏教）、どっちがええんや」という話になります。そこで論争が行われ、優劣を争いました。結果はインド仏教の勝利です。「新しい仏教を布教するぞ」という熱意からヒマラヤを越えてきたインドの僧と、トゥプトに占領されて連行されてきた中国僧とでは勝負にならなかったのです。この出来事を経てチベットは密教圏になり、独自の文字や文化と結びついていわゆるチベット仏教（ラマ教）が形成されます。そしてモンゴルや満洲へと拡がっていきました。

その後、元朝（1271年〜1368年）がチベット仏教を国教とします。元はモンゴル人のクビライによって建国されました。モンゴル人は元々はシャーマニズムを信仰していましたが、チベット仏教の神秘的な側面に惹かれたようです。また、チベット仏教を支持することによって、チベット地域の支配を正当化できるといった理由もありました。元の時代にチベット仏教は発展して多くの寺院が建立され、重用されて宮廷に影響力を持つ高僧も現れました。

元の次が漢民族の王朝・明で、このときはチベット仏教ではなく、儒教が国家イデオロギーとなります。

さらにその次が、避暑山荘を作った清朝です。清を建国した満洲族は、元々はシャーマニズムを信仰していましたが、次第にチベット仏教を重視するようになりました。歴代の清の皇帝はチベット仏教の保護者を自任し、チベット仏教を通じてモンゴルやチベットを含む広大な地域の統治を円滑に行おうとしました。満洲貴族の子弟の中にはチベットに留学する者もおり、満洲語で書かれたチベット仏教の経典や儀式書が多数作成されています。

避暑山荘には、清の第6代皇帝・乾隆帝の時代に烏雲台というモンゴル風の遊牧民テント群を模した建築物が作られています。そして乾隆帝は、避暑山荘周辺に「外八廟《そとはちびょう》」と呼ばれる11のチベット仏教寺院も作っています。これこそ、清のチベットとモンゴルに対する宗教政策を象徴するものでした。

外八廟

避暑山荘を見たあとは外八廟をいくつかめぐりました。まず訪れたのが普陀宗乗之廟《ふだそうじょうのびょう》です。

普陀宗乗之廟は1771年に乾隆帝の命によって山の斜面に建設され、1780年に完成しました。高さ約37メートルの銅製の観音菩薩立像が名物で、これは当時中国最大の銅像でした。

普陀宗乗之廟は別名「小ポタラ宮」とも呼ばれます。その理由は、チベットのポタラ宮を模して建てられたからです。ポタラ宮はチベット仏教の指導者であるダライ・ラマの冬の宮殿で、チベット仏教の中心地です。清はチベットやモンゴルなどから宗教的指導者を承徳に招いて、この寺院で儀式を行わせました。

普陀宗乗之廟

入館して大きな門をくぐりぬけて丘をのぼると、やっとメインの建物だと思ったら、まだふもとにたどり着いただけだった——そんなスケール感の場所です。

次に向かったのが普寧《ふねい》寺です。普寧寺も承徳の避暑山荘の外八廟のひとつで、チベット仏教寺院です。普寧寺の総面積は外八廟の中で最大規模です。

普陀宗乗之廟と同じく、普寧寺にも現存する木造仏像の中では世界最大級の千手千眼観音菩薩立像が安置されています。普寧寺の千手千眼観音菩薩立像は、チベット仏教の重要な菩薩である観音菩薩の千手千眼の姿を表現しています。チベット仏教ではダライ・ラマは千手観音の化身とされていると言えば、その重要度がわかるでしょう。高さが22メートル以上と、当時の清の富と権力を象徴する存在です。なお、こちらはラサにあるチベット仏教ゲルク派の本山のひとつ、甘丹《ガンデン》寺をモデルにしています。

このあと、さらに普楽《ふらく》寺に向かいました。土埃が舞う坂をのぼった先にある、静寂に満ちたお寺です。

普楽寺も外八廟のひとつを構成する重要なチベット仏教寺院です。ここはチベット仏教ゲルク派の重要な寺院で、ダライ・ラマに次ぐ高位の化身パンチェン・ラマの居所であるタシルンポ寺を模倣しています。ここには高さ約37メートルの銅製の弥勒菩薩坐像があります。

外見はやや地味ですが、普楽寺の内部装飾は非常に豪華で、金箔を贅沢に使用した彫刻や、精緻な壁画が施されています。清の皇帝、特に乾隆帝はこの寺院をチベットやモンゴルの高僧たちとの外交の場として利用しました。

ここまでをものすごい密度で駆けめぐり、2日目が終わりました。

古北水鎮

旅行最終日の3日目は、承徳から北京空港へ戻る途中で清代の江南《こうなん》、つまり長江下流右岸あたりの風景を再現した観光用の水郷・古北水鎮を観光しました。

古北水鎮は北京から約130キロ離れた密雲区にあります。「古北口」は明の時代に北方のモンゴルや満洲からの侵入を防ぐための軍事要塞として、万里の長城の重要な関所のひとつでした。

現在の古北水鎮は長城の一部である司馬台長城の麓に建設された水郷型の観光地で、伝統的な中国の建築様式を模しています。2010年に開発が始まり、町の中を流れる川と周囲の山々が美しい景観を作り出しています。日本で言えば「日光江戸村」や「東映太秦映画村」のような、過去の時代を再現してエンターテインメント性を加味したテーマパークだと思えばいいでしょう。

こうして、密度の濃い旅を終え、羽田に戻ってきました。承徳へ行けば「中国はチベット仏教を弾圧している」という、昨今のイメージとは少し違った景色をかいまみることができるでしょう。

シルクロード新疆《しんきょう》中央ルートを旅して

2002年の夏に、東京大学の秋山名誉教授を団長、湯原教授を幹事長とする学術調査団に参画し、新疆を中心に中国を旅してきました。良きメンバーと、志賀建華さんという最高の添乗員に恵まれた本当に楽しい旅でした。そのときの旅日記を再録してみなさんにお届けしたいと思います。

8月28日（水）

朝、10：40、JL781便で成田を出発。13：15北京着。中国へ入国。17：40の出発まで空港で時間を持て余す。国内線への乗り継ぎは最低2〜3時間は必要と言われていたが、空港ビルディングも新築され随分便利になったので、少なくとも1時間30分あれば十分かと思われる。待ちくたびれて、ようやく機内に入ったところ、空軍の演習の関係（?）とかで、出発が4時間延びる。狭い機内でじっと待つのはけっこう辛い。眠るしかないか。CZ329便が目的地である新疆ウイグル自治区の省都、ウルムチに着いたのは、午前1時30分をまわっていた。車でホテルに向かい、ただちに寝る。

8月29日（木）

面積約160万平方キロメートルの新疆は北から南にかけて3つの大山脈（アルタイ、天山、崑崙《こんろん》）と、その間の2つの盆地（ジュンガル、タリム）によって成り立っている。この地形を「疆」の字によって表している。なお偏《へん》は、弓でこの土地を外敵から守る意であり、旁《つくり》の畺がそれに当たる。まさに表意文字である漢字の国ならではのことである。9：30ホテル発。バスで天池に向かう。

天池はウルムチの東約90キロメートル、天山山脈ボゴダ峰（モンゴル語で聖なる山の意、5445メートル）の中腹、約2000メートルの高地にある湖で、その昔、周の穆王《ぼくおう》と崑崙山の仙女、西王母《せいおうぼ》が会見した場所として知られている。少し曇っていて、残念ながらボゴダ峰の万年雪は拝めなかったが、滝や小天池を巡る湖の辺の散策路はとても快適だった。このあたりはカザフ族の居住地となっており、テント（ゲル）が点在。鮮やかな民族衣装を着た子供達の物売りや、乗馬を勧める若者たちでなかなかの賑わい。観光客は地元の家族連れやカップルがほとんど。さすがに中国のスイスと呼ばれているだけのことはある。モーターボートで湖に乗り出す。長さ3・5キロメートル、幅1・5キロメートルの天池周遊はあっという間に終了。昼食後、漢方薬の専門店へ。めずらしいものでは、雪蓮花と呼ばれる高山植物が高価で売られていた。万能薬らしく、買い求める中国人が多かった。ウルムチのホテル（海徳酒店）は5つ星。香港資本で日本の一流ホテルと遜色がない。夜は、ホテルでぶどう尽くしの中華料理フルコースを堪能。ぶどうと中華料理がこれほど合うとは思わなかった。マッサージをしてもらって快眠。

8月30日（金）

10：00ホテル発。ウルムチ市の中心部に位置する紅山《こうざん》公園へ。小高い紅山の頂に立つ赤レンガの鎮龍塔（ウルムチ川の龍、すなわち洪水を鎮めるために建てられた塔で、対岸の塔と対になっている）はウルムチの象徴とされている。ここから眺めるウルムチ市の眺望は本当にすばらしい。高層ビルが林立する人口350万の大近代都市の光景は、とても北京から3000キロメートルも離れた世界でもっとも内陸に位置する大都市のひとつとは思えない。12：10XO915便でウルムチ発（今回の旅で唯一のプロペラ機。ほかはすべてボーイングもしくはエアバスの新鋭機だった）。14：20アクス着。運悪く（?）人民解放軍の長い車列に遭遇。約30分足止めを喰らう。アクスで昼食後、バスでクチャに向かう。ゴビ灘《タン》と呼ばれる小石の砂漠をひた走る。約２５０キロメートル、4時間の旅。21：00クチャのホテル着。なお中国は広大な国土にもかかわらず全国一律で北京時間を採用しているが、現実には新疆では2時間遅れの新疆時間を生活の目安としている場合が多いようだ（したがってホテルに着いた21：00は実質19：00ということになる。しかし、この日記ではすべて北京時間で表記している）。

8月31日（土）

クチャはシルクロードの要衝で、西漢時代以降栄えた亀茲《きじ》国の故地。亀茲国は中国への仏教東進史上きわめて重要な役割を果たしており、仏典の四大翻訳家（サンスクリット→漢文）の筆頭、鳩摩羅什《くまらじゅう》の生まれた所（ちなみに羅什の父、羅炎《らえん》はインドの青年僧、母は、亀茲国王の妹と伝えられている。また他の3人の翻訳家は、真諦三蔵《しんだいさんぞう》、玄奘《げんじょう》三蔵、不空三蔵）。

9：40バスでホテル発。西方80キロメートルのキジル千仏洞に向かう。クチャの町を出ると、小高い砂山が迷路のように林立する『スター・ウォーズ』に出てきそうな不思議な光景が眼前に広がる。ヤルダンと呼ばれている地形だ。10:10途中の塩水渓谷で下車。玄奘が通った所と伝えられている。川の水を口に含んでみる。とても塩辛い。11:30キジル千仏洞着。正面入口に鳩摩羅什の銅像。渭干河《いかんが》の北岸およそ40メートルの断崖に開鑿《かいさく》された石窟は東漢から宋代にかけてのもの。傷みは激しいものの色鮮やかな飛天画等がはっきりと残っている。合計6窟を見学した。千仏洞前のレストランで昼食後、14:15出発。15:40クズルガハ烽火台《のろしだい》着。約２０００年昔の西漢時代のもの。烽火台としては新疆最大級らしい。16:00クズルガハ千仏洞着。ここはさらに傷みが激しい。懐中電灯を頼りに丹念に見て回る。18:00スバシ故城着。玄奘の『大唐西域記』に登場する亀茲国最大の仏教寺院のあった場所と比定されている。仏塔や堂宇の建物はわずかにその形を留めているものの、日干しレンガが風化して、周囲の茶褐色の山々や大地と渾然一体となっている。スバシ故城は、クチャ川を挟んで東寺区と西寺区に分かれている。東寺区跡は東西約１５０メートル、南北約５５０メートル、玄奘の訪れた盛期には一体何人の僧侶がここで修行に勤めていたのだろうか。クチャ市内に戻り、19:30亀茲古城へ。

ここは唐の西域経営の中心地であった安西都護府の跡地。今は土の城壁の一部が残るのみ（なお、東漢の西域都護府もクチャに置かれていた）。20：00ホテル帰着。

9月1日（日）

早朝4：30ホテル発。クチャ駅へ。5：30発のK887次列車でカシュガルに向かう（出発は30分程遅れた）。750キロメートルの旅。我々の乗った車両は2階建の寝台車で1階は1室4ベッド。2階は1室2ベッド。なかなか快適。列車はほぼ天山山脈の南麓（昔の天山南路北道。現在のシルクロード中央ルート）に沿って西進。天山山脈の最高峰ポベダ山（7435メートル）が美しい。昼食は食堂車で。けっこうおいしい。

今年は、異常気象で例年になく雨が多かった模様。タクラマカン砂漠にも心なしか緑が多い。南疆線の終着駅であるカシュガルには16：00着。到着少し前に、車窓から莫爾仏塔《モール》（土塔）の美しい姿が良く見えた。バスでウイグル族の町カシュガル市内へ。まずバザールを見学。ここまで来ると、中国というよりは、イスラーム圏のイメージが圧倒的に強い。目隠しをされ、カシュガルに着き、ここはどこですかと尋ねられれば、おそらくイランもしくはウズベキスタンと答える人がほとんどではないか。バザールで売っている物も、とても中国とは思えない。18：00、17世紀のイスラームの指導者アパク・ホージャー族の墓へ。四隅にミナレットが立つ完全なイスラーム建築。墓の建物に付随するモスクはサファヴィー朝イラン・イスファハンの建築様式をほぼそのまま踏襲している。この墓は、多くのガイドブックでは乾隆帝の妃の一人であった香妃の墓とされている（今では誤伝によるものと、立証されているが）。新疆最大のイスラーム・モスク、エイティガール寺院はあいにくお葬式の最中で見学できなかった。その裏手にある職人街を歩く。民族楽器店や木工品を手作りしている店、鍛冶屋等、面白くて時間のたつのをつい忘れてしまう。20：00ホテル着。

9月2日（月）

8：30小型バス2台に分乗してホテル発。パキスタンに通じるカラコルムハイウェイを南下して、崑崙山脈中腹のカラクリ湖を目指す。今日はトイレはすべて天然トイレ。今夏の異常気象による大雨で道が寸断されており、200キロメートル離れた湖まで6時間はかかるとのこと。やはり京都議定書は何としても成功させねばならない。軍事力で一人突出するブッシュのアメリカを世界がいかに上手く説得し協調路線に誘導していくのか。これが21世紀前半の人類に課せられた大きなテーマのひとつだろう。バスはコングール山（7719メートル）をめざしてガイズ川に沿いつつ、ひたすら山道を登って行く。ところどころ急流で道が流されている。カラコルムハイウェイは中国から友好国パキスタンに通じる戦略的にも重要な唯一の道路であり、沿線には、一年中補修隊が常駐しているとのこと。しかし、道の補修が割合のんびりと行われているところを見ると、中パ国境はきっと安定しているのだろう。この道を通って現在定期バスが中国とパキスタンを結んでいる（1台とすれ違った）。利用者の大半は中国に買い出しに来るパキスタン人らしい。ちょうど、夏の高山での放牧が終わる時期に当たり、里へ帰る羊の大群とたびたび遭遇する。そのたびにバスはストップを余儀なくされる。川の辺ではラクダの放牧も見られた。11：50ゲジの検問所。国境ではないが、この検問所は、国境と同じ機能を担っている。やがて、ウイグル語で氷河の父という意味のムズタークアタ山（7546メートル）が見えてくる。カラクリ湖はこの2つの高山の間にあり、標高は約3600メートル。酸素ボンベを吸う人もいた。青い湖面に映る純白のムズタークアタ山は一度見たら忘れることができない光景だ。幸運に恵まれて快晴。しかし風は強い。湖畔には、キルギス族が観光用のゲルを張っている。

昼食をカラクリ湖のレストランで済ませて下山。途中で2号車のバスが故障して動かなくなるハプニング。あとから来た車2台に、先を行く1号車への伝言を依頼する。携帯電話はもちろん使えずほかに連絡の方法はない。しかし一本道だから間違いなくメッセージは伝わるだろう。待つことおよそ1時間、1号車が戻って来た。少し窮屈だが、全員（22名）乗り込み21時過ぎ無事ホテル帰着。そそくさと夕食をとって空港へ。雷雨になった（なお翌日、カラコルムハイウェイは、この雷雨のため閉鎖された模様。我々は非常に幸運だった）。23：15ＸＯ９９０２便でウルムチへ。00：50ウルムチ着。ホテルへ直行。ベッドへ直行。

9月3日（火）

午前中は自由行動。この時間を利用してタクシーで新疆ウイグル自治区博物館へ。現在修理中で、展示は一部に限られていたが有名なミイラ群はじっくり見学することができた（なお一部の所蔵品は日中国交正常化30周年記念行事の一環として、東京・上野の東京国立博物館シルクロード展に貸出中）。シルクロードは、仏教ロードでもあり、また奴隷ロードでもあった。奴隷売買は人類の古今東西の歴史に照らして考えれば、けっして珍しくはないが、たとえば都長安の酒楼に屯していたペルシアの美女が、やはりこの道を運ばれていったのかと考えると興趣は尽きないものがある。博物館には、奴隷売買の証文も残されていた。13：30バスでホテルを出発。ウルムチ市内のレストランで昼食。15：00少し前、ウルムチを出発。トルファンに向かう。すばらしい一直線の高速道路を南下。塩湖である小草湖で休憩したあと17：00過ぎトルファンに到着。まず交河故城へ。ここには西漢時代、車師前国の都城が置かれていたと言われている。2つの川が交わる高台にあることからこの名前がつけられた。古代の城市は、洋の東西を問わず高台に設けられるのが常である。人類にとって何よりも恐ろしかったのは、汚水を媒介とする疫病であった。疫病の蔓延による死亡の恐怖は、外敵の襲撃や戦争の比ではなかったのだ。人類が疫病から、ほぼ解放されたのはほんのここ1～2世紀のことにすぎない。交河故城の建物遺跡のほとんども、日干しレンガが風化して、荒涼とした雰囲気を醸し出していた。続いて18世紀にトルファン郡王スレイマンが父のために建立した蘇公塔へ。高さ44メートルのレンガ造りの円柱塔。まさにイスラームの光景。周辺は一面のぶどう畑。20：30ホテル着。夕食後ホテルでウイグルの民族舞踊を見学。秋山団長や湯原幹事長他が踊りの輪に加わられ、座は大いに盛り上がった。

9月4日（水）

トルファンは、昔から天山北路（現在のシルクロード北ルート）と天山南路（シルクロード中央ルートと南ルート）を連絡する交通の要衝として知られており、今でも鉄道の南疆線と蘭新線の分岐点となっている。唐の時代、トルファンには高昌《こうしょう》国が栄えており、玄奘を保護した国王麴文泰《きくぶんたい》の名は、つとに有名である。9：00バスでホテルを出発。郊外に出ると石油を汲み出している井戸がいくつか見られる。新疆は石油や天然ガス資源にも恵まれており、あと3年で新疆から上海までパイプラインが開通する予定と聞いた（上海ー新疆パイプラインは、その後、次世代の原油が眠るカスピ海まで延伸されるかもしれないとのこと。ウルムチからは上海よりカスピ海の方がむしろ近いのだ）。9：45高昌故城着。紀元元年前後に始まり、唐代の高昌国からその後を襲った西ウイグル帝国にかけての千年の都の跡である。昨日の交河故城に比べれば、まだ少しは建物の原形を留めているようだ。広いので、ロバ車で移動。1台に10人以上乗れる。小さいロバの力強さを改めて実感した。ちなみにトルファンのロバは力持ちで有名だとか。11：00アスターナ古墓群へ。唐代の地下墓地で、壁画が残っている。地下に降りていくところは、エトルリアの地下墓地に感じがよく似ている。西安の乾陵の副葬墓に比べれば非常に慎ましいが、それだけに壁画に残された墓の主人の生前の生活が好ましく思える。3基見学した。12：00少し前トルファンの北東約40キロメートルにあるベゼクリク千仏洞着。火焔山《かえんざん》山中のムルトウク河南岸に開削された石窟で、一部にマニ教関係の壁画がわずかだが残されている。貴重な壁画の大部分はドイツの探検隊が持ち去り、そのほとんどは、第二次世界大戦中ベルリンで灰燼《かいじん》に帰した。13：00火焔山着。記念撮影。やはり『西遊記』の芭蕉扇を思い出さずにはいられない。トルファンは世界でも有数の低地にある、高温乾燥地帯。火州とも呼ばれているほどの酷暑の地（当日は、比較的涼しい日だといわれたが、それでも34度あった）。夏の地表から立ち昇る陽炎によって赤い山肌が燃えているように見えたのであろう。火焔山は東西約100キロメートル、南北約10キロメートル、頂上851メートルの大山塊。ホテルに戻って昼食。今日は実質的に新疆最後の日。新疆ではラグメンと呼ばれるイスラーム風中華うどんが、毎日のように出されたが、それぞれにとてもおいしかった。また新疆は日本では民族独立運動の火種の残る地域と言われている。しかし、たとえば各町のバザールに積み上げられた豊富で廉価な食料品の山や町行く若い人々の明るい表情と小ざっぱりした服装を見ると、反体制運動はなかなか難しく、中央政府の統治はそれなりに人々の支持を得て、安定しているように見受けられた。15：00少し前ホテル発。カレーズへ。西アジア一帯で広く行われている地下灌漑溝《かんがいこう》（イランやアフガニスタンではカナートとも呼ばれている）。天山山脈から引いてきた清冽な清水が滾々《こんこん》と流れている。思わず手を入れたら、注意を受けた。下流では飲料水として用いられているのだという。すみませんでした。中国でカレーズは、万里の長城、京杭運河と並ぶ三大古代土木事業として位置付けられている。カレーズにぶどう園が併設されていたので、お土産にトルファン名物の干しぶどうを買う。淡緑色の種なし真珠ぶどうで作られるこの干しぶどうは、中国でも有名で、ハミ瓜と並ぶ新疆の特産物とされている。夕方、ウルムチに戻る。友誼《ゆうぎ》商店経由でホテルへ。

9月5日（木）

8：30ホテル発、ウルムチ空港へ。9：40ＸＯ９５０３便にて西安へ。12：35西安着。空港のレストランで昼食後、兵馬俑へ。何度見ても、その威容には圧倒される。これまで禁止とされていた写真撮影が可能となっていた。西安を省都とする陝西省《せんせい》は嘗《かつ》ては工業地帯としてそれなりに羽振りが良かったが、沿岸地域の新進工場群との競争に敗れ、ここ数年来は不況のどん底に沈んでいる。「孔雀（優秀人材）はすべて上海等へ飛び去ってしまった」という話を何度も聞かされた。夕方、西安に戻ってショッピング。夕食後、陝西歌舞大劇院で、唐代を再現した歌舞ショーを見学。終了後ライトアップされた城壁を車窓から眺めながら21：00過ぎホテル着。

9月6日（金）

9：30ホテル発。11：40FM203便にて西安発銀川《ぎんせん》へ。12：45銀川着。銀川は、かつての西夏《せいか》王国の首都、興慶府《こうけいふ》の故地で、現在は寧夏《ねいか》回族《かいぞく》自治区の省都。黄河を渡って、早速、銀川市の西方約40キロメートルの地にある西夏王陵を目指す。賀蘭山東麓のステップ草原に9つの皇帝陵と200あまりの陪葬墓が点在している。皇帝陵は「神秘の奇跡」あるいは「東方ピラミッド」とも呼ばれている円錐形の土まんじゅう。当初は、霊台という八角形の木塔が皇帝陵全体を覆っていたという。西夏王陵に併設されている博物館で西夏文字等を見学。よくこれだけ複雑な文字を短期間で作れたものだと感心してしまう。モンゴルのパスパ文字も恐らくそうだと思うが、西夏王国を建設したタングート族は、独自の文字を作らなければ、圧倒的な漢字文化の洪水の中に、民族の独自性がすぐにも埋没してしまうと恐れたのではないだろうか。考えてみれば、仏教も同じであるかもしれない。五胡十六国時代、仏教は中国に深くその根を下ろしはじめる。中原を占拠した胡族は漢民族の支配原理（儒教に象徴される中国の文化）に対抗する新しい支配原理を求めていた。そこに仏教が東進してきた。北魏がその典型であろう。北魏の皇帝は仏として、中国を統治した。王主教従の国家仏教の誕生である。この仏教の流れはやがてわが国東大寺の盧舎那仏《るしゃなぶつ》にひとつの結実を迎える。銀川市に戻り、北郊に位置する海宝塔（北塔）へ。五胡十六国時代の5世紀初頭の創建。55メートル近い頂上まで登る。銀川市が一望できる。夕方ホテル着。市内の旧地区にある明代の楼閣、玉皇閣を見学後、市内のレストランで夕食。町のレストランのほとんどは「清真」（豚を使わないイスラーム教徒向けの料理）で、さすがに回族自治区だと納得。

9月7日（土）

朝、ホテル近くの承天寺塔（西塔）へ。西夏時代の創建。西夏は仏教王国で、領内に数多くの仏塔を建立したことでも知られている。承天寺塔は約60メートルの高さ。

頂上からの眺望はやはりすばらしい。ここには寧夏回族自治区博物館が併設されており、西夏文字をはじめとする西夏時代の文物がさらに数多く集められていた。入口近くの売店には、お土産に西夏文字の印章を作成しますと書かれていたが、作ってもらっても誰も読めないだろう。12：45ＷＨ５２３便にて銀川発西安経由上海へ。16：20上海虹橋《ホンチャオ》空港着。まっすぐ浦東《ほとう》のホテル（シャングリ・ラ）へ向かう。上海は2年ぶりだが、浦東の発展ぶり（高層ビルの林立）には度肝を抜かれる思い。夕食はホテルで。中国最後の夜なのでのんびり過ごす。

9月8日（日）

朝ホテル近くの正大広場を見学。実に巨大なデパート（正確には専門店、ブランドショップの集合体）で、たとえばスーパーで売っている品物は、日本のスーパーとほとんど変わりはない。この近くに住めば、東京とほぼ同じレベルの生活がすぐにでも可能であるように思われた。12：00ホテルを出発し、浦東空港へ。市の中心から30キロメートルは離れている。だだっ広い高速道路を走りながら数年前の上海市人民政府の役人との会話を思い出した。「浦東には広々とした土地が十分残されているのに新空港はなぜ遠くに作ったのですか?」「もっと遠くに作っても良かった。21世紀の前半20〜30年もすれば上海は中国のみならず発展する東アジアの経済首都になる。そうなれば世界中から人が集まってくる。浦東はいくら広くても広すぎるということはないのです」浦東空港と上海市は、ドイツのリニアモーターカーにより今年の年末にはわずか15分で直結されるという。日本(東京)は、このように明確な国家戦略、グランドデザインを持つ中国(上海)と、競争しなければならないのである。経済首都、金融首都にとって空港はインフラの最たるものであろう。成田VS羽田、関西、伊丹、神戸の三つ巴《どもえ》のわが国の空港事情を考えるだけでも、暗澹《あんたん》たる気持ちになるのは、私だけだろうか。14:10JL792便で浦東を出発し、成田着は18:00。移動距離で1万2000キロメートルを超えたシルクロードの旅は終わった。

終章——日本の観光業の未来のために

観光業のお手本——アメリカ、フランス、イタリア、スペイン、連合王国

最後に観光産業に関わる方に向けて、80カ国以上をめぐった僕が考える観光のあり方を少し記しておきたいと思います。

観光業が明らかに成功している国に、たとえばアメリカ、フランス、イタリア、スペイン、連合王国があります。

アメリカは観光業という観点から見ても、常に新しいものを生み出すのが面白い。行くたびに変化があります。ミュージカル、音楽、野球……何でもそうです。それまでになかったジャンルを作り出す力があります。

フランスは何といってもパリです。パリとニューヨークはどちらも近代的な大規模都市計画に基づいた人工都市です。このレベルのものは世界にこの2つしかありません。たとえばフランスは首相を含む閣僚の数が男と女の割合が50対50です。あらゆる面で理念的であり、構成的。これがフランスであり、パリなのです。この力強い都は19世紀に作られま

した。つまり世界に冠たる都市の中では新しい。フランスという国自体は古いですけれども、今のパリができてからはまだ200年も経っていません。

対してイタリアは古い。2000年の歴史があります。ヴェネツィア、フィレンツェ、ローマの3つはどこにも真似ができない、世界の都です。

スペインは代表的な観光地であるマドリード、バルセロナとアンダルシアがかつてそれぞれ違う国に属しており、異なるルーツを持つがゆえの多様性が魅力です。

連合王国、中でもロンドンは一昔前のニューヨークのようなポジションです。新しいものを生み出しつつ、長く続く伝統的なシェイクスピア演劇もあります。ニューヨークのブロードウェイは、ロンドンのウェストエンドに通じるところがあります。劇場街で、大道芸人も集まっていますから。これらは今でも二大都市と言っていい場所です。

ここで挙げた国や都市と比べてみることは、自分たちの売りを改めて見つめ直す手がかりになるはずです。たとえばあなたが古都・奈良の人であったら、同じく歴史ある町のローマと比較してみてください。違いは何でしょうか。奈良市の現在の人口は約35万です。一方でローマは約290万人。古代ローマの時代の最盛期には人口100万でしたから、今のほうが力があります。今のローマは、今のローマの魅力によって人を惹きつけているのです。歴史のある遺跡があれば必ず観光地として人が来るわけではなく、町に人が増えるわけでもありません。決して奈良を下げたいわけではないのですが、たとえば「なぜ人口が違うのか?」「何が人を呼び込んでいるのか?」といった視点を持って、みなさんの地元とこの本で取り上げた場所を比べてみていただけたら、きっと発見があると思います。

観光業活性化の第一歩は地方自治にある

僕はヨーロッパの中小都市をたくさんめぐりましたが、ヨーロッパには小さくても個性的な町が多いのです。そういう場所と、あまり記憶に残らない町は何が違うのか。それは、自治が行きわたっているかどうかです。市民が主体的に「うちはこれでやっていくんだ」「私たちの魅力はこれだ」という気概をもっている町は、どこでも特有の産業や観光スポット、郷土料理を大事にしています。その気概の有無は何に由来するか。ひとつには税制です。

日本をはじめ、いくつかの先進国では、お金を稼いだ地域の自治財源を政府が吸い上げて財源のない地域に再配分するタイプの国があります。このやり方は、しばしば小さい町が国におんぶにだっこになり、稼いでいる地域の「自分たちでがんばろう」というやる気も削いでしまうことがあります。

対してヨーロッパの自治は稼いだら稼いだ分、自分たちの手元に残る割合が多い。「地元の力でなんとかしよう」という気持ちを後押しする税制の実現も重要です。

近年、インバウンド観光客が急増しているのは、円安が大きな要因です。為替《かわせ》レートのおかげで「安いから日本に来た」という人がたくさんいます。ですから今の状態が「日本の観光地・観光業の実力だ」と錯覚してあぐらをかいてはいけません。為替は政治的な要因ひとつで大きく変動しますから、為替がどうなろうが来てもらえるだけの地力をつけていかなければなりません。人任せ、国任せをやめて、自分たちの個性を主体的に魅力にしていきましょう。

おわりに

「あなたは旅のさなかに死ぬ」――、占い師から、そう言われたことがあります。たとえそうなったとしても、まったく後悔はありません。僕はそれくらい旅を愛しています。

僕があこがれるのは放浪者です。ユーラシア大陸の東西を横断して中国では皇帝とも謁見した『東方見聞録』のマルコ・ポーロや、14世紀のモロッコに生まれてアフリカ、中東、インド、中国、東南アジアを旅し、『大旅行記』を著《あらわ》したイブン・バットゥータのように、関心のおもむくまま、あてどなくさまよう旅人になりたかったのです。

定職に就き、結婚という重しを引き受けたことで、その夢ははかなく消えました。「重し」という言い方はもちろん冗談で、妻子と出会えたことに後悔はありません。しかし、現代人が放浪者になるのは非常に困難です。

勤め人としての限界を抱えながら、それでも旅を趣味としてきた人間として言えるのは「すべての旅で発見があった」ということです。何かに興味を持っていれば、あるいは何であれ興味を持てば、旅先で感じ、学ぶことができます。

この本を通じて伝えたかったことは「旅は楽しい、だから旅をしよう」――これに尽きます。世界は広い、それを体験することがあなたの人生を広げます。行きたいと思ったら、すぐ出かけるのが一番です。ひとつ行けば「あそこも行ってみたい」と関心も広がっていきます。まずは今の興味に沿って、出かけてみましょう。

この本を読んでも「旅をしたいと思わなかった」という感想を持つ方もいるかもしれません。しかし、それはそれでいいのです。僕が本、旅、人から得てきたものの比率は50：25：25くらいです。でも、人によって比率は違います。0：50：50の人もいるかもしれません。以前、脳研究者の池谷裕二先生は、持病の関係で本から得たものは実は10％くらいだろうとおっしゃられていました。逆に、毎日規則正しい生活を送ってほとんど生まれ育った土地から出なかった哲学者のカントは、本が90、人が10、旅は0だったかもしれません。何からどのくらい学ぶかは、人間の数と同じだけ、80億通りあります。だから自分に合った範囲で旅をすればいいのです。読書で世界の豊かさを想像するのもいいし、現地で実物を見るのもいい。みなさんもぜひ、好きなように学んでください。好きなものを突きつめることが、個人にとっては他人任せの人生をやめること、地域にとっては自治の活性化につながるとも思います。

僕には、行きたいところがまだまだあります。南米で行ったことがあるのはペルーだけ、アフリカも4カ国だけです。行ってみたい場所だらけです。

楽しそうに話をしている人や「あれがしたい」「あそこに行きたい」と言っている人を見ていると、自分もウズウズしてきませんか？　この本がみなさんの「旅をしたい」「次の長期休暇はこんなふうに過ごしたい」といった欲求に火をつけるものになっていたなら、本書は大成功です。

なお、疑問等があれば遠慮なく以下にメールをください。


hal.deguchi.d@gmail.com

特に出典の記載がない図版は、Wikimedia Commons 所収のものです。

星海社新書 333

出口治明《でぐちはるあき》の 歴史《れきし》と文化《ぶんか》がよくわかる旅《たび》の楽《たの》しみ方《かた》

二〇二五年 四月二一日 第一刷発行

著者 出口治明《でぐちはるあき》

発行者 太田克史《おおたかつし》
編集担当 片倉直弥《かたくらなおや》
構成 飯田一史《いいだいちし》

アートディレクター 吉岡秀典《よしおかひでのり》（セプテンバーカウボーイ）
デザイナー 山田知子《やまだともこ》（チコルズ）
フォントディレクター 紺野慎一《こんのしんいち》
校閲 鷗来堂《おうらいどう》

発行所 株式会社星海社
〒一一二-〇〇一三
東京都文京区音羽一-一七-一四 音羽YKビル四階
電話 〇三-六九〇二-一七三〇
FAX 〇三-六九〇二-一七三一
https://www.seikaisha.co.jp

発売元 株式会社講談社
〒一一二-八〇〇一
東京都文京区音羽二-一二-二一
（販売）〇三-五三九五-五八一七
（業務）〇三-五三九五-三六一五

印刷所 TOPPANクロレ株式会社
製本所 株式会社国宝社

ISBN978-4-06-539321-5
Printed in Japan

333
SEIKAISHA SHINSHO

281

出口治明学長が語る

人生が楽しくなる世界の名画150

出口治明

本・旅・歴史を愛する知識人が語るヨーロッパ絵画の楽しみ

ただ美術館に行って好きな絵を見ればいい。好きな絵に感動したら、その絵をもっと知るために本を読みたくなり、いつのまにか美術史や神話、歴史にも詳しくなる——これが、半世紀以上ヨーロッパ絵画に魅了されてきた出口治明の、シンプルかつ究極の絵の楽しみ方です。

本書では、出口治明が世界の名だたる美術館に足繁く通う中で感銘を受けた150枚の絵画の見どころを歴史や神話とともに解説し、さらに世界の五大美術館をはじめとする名美術館の歴史的エピソードをご紹介します。出口治明とともにめぐる、ヨーロッパ絵画の旅をお楽しみください。

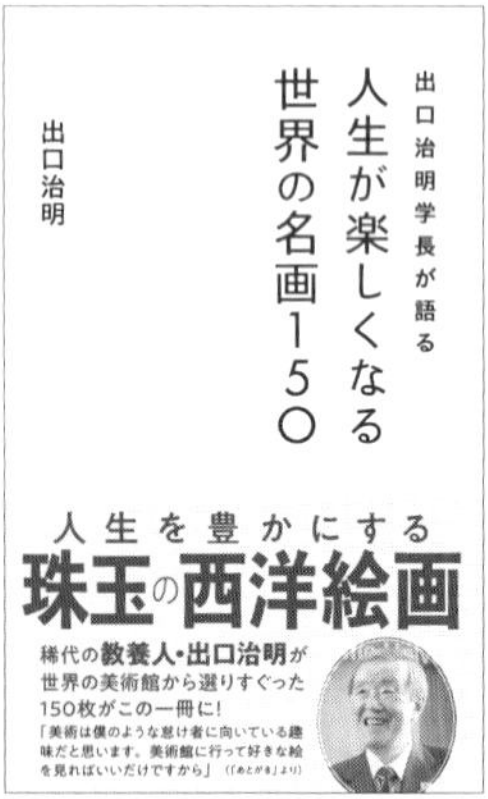

244

旅行の世界史

人類はどのように旅をしてきたのか

森貴史

古代から現代まで、人類は「旅」とともに世界を作ってきた！

人類は、旅によって未知の世界に触れることで発展してきた。はるか昔、アレクサンドロス大王の東方遠征は古代秩序を一変させ、大航海時代の冒険者たちは新大陸を発見して大陸間交易のパイオニアとなった。個人レベルでも聖地巡礼や遍歴修行、さらに近世の修学旅行というべきグランドツアーは旅行者の感受性や人格を豊かにしてきたことだろう。そして鉄道や自動車といった旅行のために用意されたテクノロジー、パックツアーやガイドブックといった旅行から派生したビジネスモデルも世界の風景を大きく変えてきた。本書は、紀元前から現代に至る旅行像の変遷を明らかにする。

219

移民時代の異国飯

山谷剛史

移民大国・日本でいま最も熱いグルメ「異国飯」を徹底ガイド！

今や世界4位の移民大国となった日本の、知る人ぞ知る最新の絶品グルメ——それが「異国飯」。世界各国から日本に移住した外国人が、彼らの故郷の料理を日本各地で作っているのです。そんな外国料理屋で、見たことも聞いたこともない未知の絶品料理を驚きとともに味わうのは、これまでにないエキサイティングな食体験です。店にいる現地出身者との異文化コミュニケーションも刺激的で、日本にいながら海外旅行気分です。本書ではディープ中国、東南アジア、中東、南米とさまざまな国の料理を訪ね歩き、おいしいお店の探し方からオススメ料理、歴史や文化の背景までガイドしました。この本を手に、ぜひ異国飯をご堪能ください。

302

外国人しか知らない日本の観光名所

東大カルペ・ディエム

外国人が愛する「もう一つの日本」が示す日本の魅力と可能性

今や年間2500万人を超える訪日外国人——彼らが日本を訪れる目的は、日本人がイメージする典型的な観光名所ばかりではありません。むしろ日本人にとっては「なぜこんな場所に行くんだろう」というありふれた場所やマイナーな場所こそ、外国人にとって非常に興味深い場合も多いのです。本書ではそんな「外国人しか知らない日本の観光名所」を全国47都道府県、56ヶ所にわたって取り上げて外国人に人気の理由とともに解説した、インバウンドビジネスの要点をつかむための観光論にして、あなたの知らないもう一つの日本像を知るための文化論です。

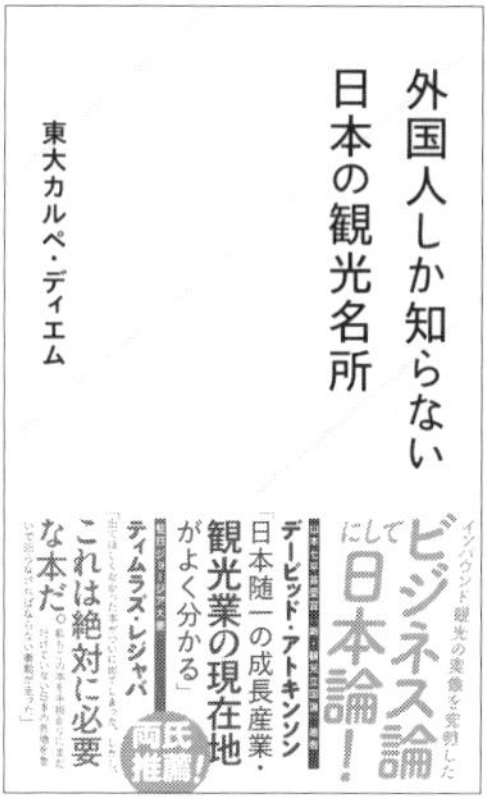

325

教育超大国インド

世界一の受験戦争が世界一の経済成長を作る

松本陽

企画 西岡壱誠

世界一の経済成長を支えるインドの教育産業と受験戦争

人口世界一、GDP世界5位のインドが発展を遂げた鍵は「教育」にある。グローバルな活躍を準備する早期からのIT教育、ベンチャー精神を養う熾烈な受験戦争——グーグルやマイクロソフトのCEOを輩出し、ベンチャー企業数で世界トップクラスを誇るインド経済の本質を、ベネッセグループのインド現地法人で取締役を務めた著者が「教育」を切り口に分析する異色のインド入門書にして、「今のインドは高度経済成長期の日本かもしれない」「インドにいることで、日本の良さを改めて強く感じられるようになった」と唱える著者が、日本とインドの交差点からの日本の未来を願う、日本経済復活への提言書。

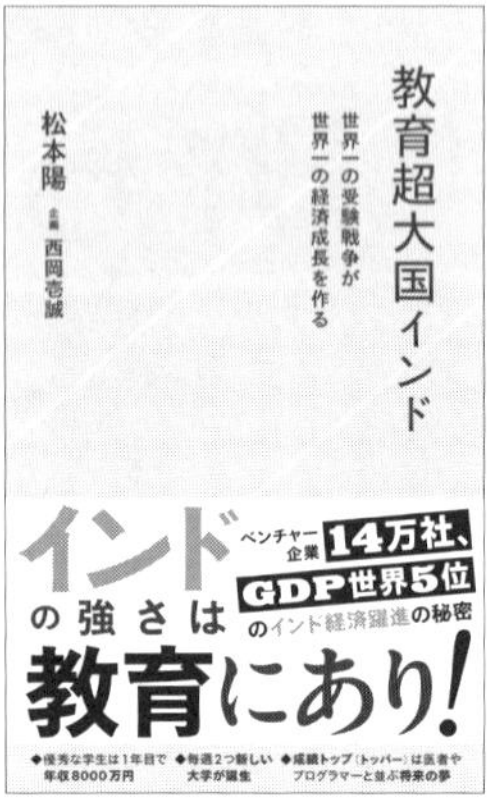

326

翻訳者の全技術

山形浩生

異才の翻訳者はいかに本を読み、訳しているのか

ピケティ『21世紀の資本』をはじめ、経済から文学、ITにまで及ぶ多彩な領域で累計200冊以上（共訳含む）を手がけ、個性的かつわかりやすすぎる訳文に定評のある翻訳者が、圧倒的なアウトプットを生む読書と翻訳の秘密を完全公開。「読書は大雑把でもいい加減でもいい」という読書のコツから積ん読の是非、率直すぎて時に物議をかもす訳者解説にこめた思い、アマチュアの生存戦略やフィールドワークの面白さ、本業であるコンサルティングの本質まで縦横無尽に論じた、翻訳者・山形浩生の読書論にして勉強論、人生論。

翻訳者の全技術

山形浩生

（びっくりするほど）
よくわかる
山形翻訳の秘訣が
すっきりくっきり
よくわかる。
意外と正論です」
大森望

「確信した。
もっと山形浩生は
報われていい」
読書猿

異才が絶賛する異才山形浩生が翻訳の裏側を語り尽くす！

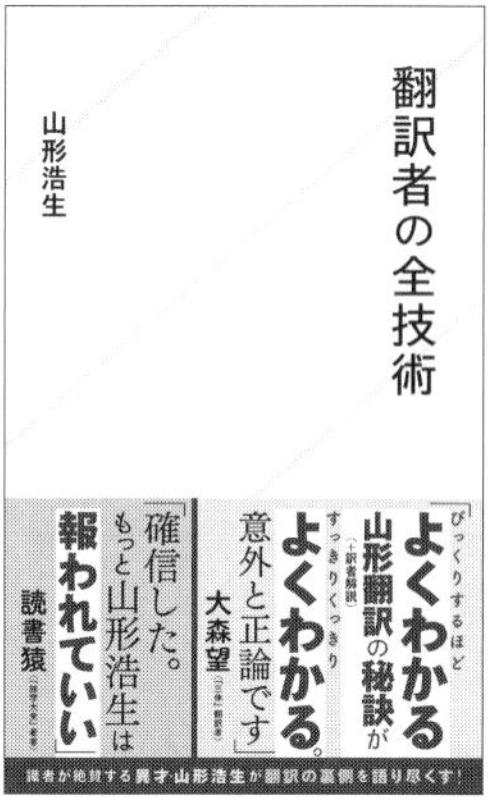

次世代による次世代のための

武器としての教養
星海社新書

星海社新書は、困難な時代にあっても前向きに自分の人生を切り開いていこうとする次世代の人間に向けて、ここに創刊いたします。本の力を思いきり信じて、みなさんと一緒に新しい時代の新しい価値観を創っていきたい。若い力で、世界を変えていきたいのです。

本には、その力があります。読者であるあなたが、そこから何かを読み取り、それを自らの血肉にすることができれば、一冊の本の存在によって、あなたの人生は一瞬にして変わってしまうでしょう。思考が変われば行動が変わり、行動が変われば生き方が変わります。著者をはじめ、本作りに関わる多くの人の想いがそのまま形となった、文化的遺伝子としての本には、大げさではなく、それだけの力が宿っていると思うのです。

沈下していく地盤の上で、他のみんなと一緒に身動きが取れないまま、大きな穴へと落ちていくのか？　それとも、重力に逆らって立ち上がり、前を向いて最前線で戦っていくことを選ぶのか？

星海社新書の目的は、戦うことを選んだ次世代の仲間たちに「武器としての教養」をくばることです。知的好奇心を満たすだけでなく、自らの力で未来を切り開いていくための〝武器〟としても使える知のかたちを、シリーズとしてまとめていきたいと思います。

2011年9月

星海社新書初代編集長　柿内芳文

SEIKAISHA
SHINSHO